篮球半场斗牛
实战技巧

LANQIU BANCHANG DOUNIU

SHIZHAN JIQIAO

阮永福 著

科学出版社

北京

内 容 简 介

现代篮球运动已成为广大体育爱好者最受欢迎的项目之一。全场五对五是篮球正式比赛形式，但是半场的比赛受场地限制较小，人数要求灵活，规则要求也相对宽松，群众普及程度非常高。

战术对篮球比赛的胜负起着非常重要的作用，也是球员整体竞技能力水平的重要组成部分，而战术意识、战术能力的培养正是来自于多种不同形式的战术训练。本书着重介绍了半场各种人数形式比赛所常用的基本战术，全书共分为三章：第一章是二对二，第二章是三对三，第三章是四对四。在每一个章节中，根据场上队员不同位置、不同技术特点，本书详解了不同组合下的多种战术形式及每种战术的强点和优势所在，让读者根据自身队员的特点有针对性地选用，了然于心。

本书适用于广大青少年篮球爱好者及各级篮球教练员。本书无论是对篮球的初学者，还是对具有一定经验的球员都有很高的学习价值，丰富的战术形式还能够给各级别的篮球教练员提供珍贵的战术实例。

图书在版编目（CIP）数据

篮球半场斗牛实战技巧 / 阮永福著.—北京：科学出版社，2018.3
ISBN 978-7-03-056675-1

Ⅰ.①蓝⋯ Ⅱ.①阮⋯ Ⅲ.①篮球运动-运动技术 Ⅳ.①G841.19

中国版本图书馆 CIP 数据核字（2018）第 041179 号

责任编辑：王英峰 / 责任校对：何艳萍
责任印制：张克忠 / 封面设计：润一文化
编辑部电话：010-64033934
E-mail：edu_phy@mail.sciencep.com

科学出版社 出版
北京东黄城根北街 16 号
邮政编码：100717
http://www.sciencep.com
三河市荣展印务有限公司印刷
科学出版社发行　各地新华书店经销
*

2018 年 3 月第 一 版　开本：720×1000　1/16
2018 年 3 月第一次印刷　印张：12 1/2
字数：218 000

定价：**49.80 元**
（如有印装质量问题，我社负责调换）

　　随着篮球运动的普及与发展，篮球运动已经成为广大体育爱好者最喜爱的运动项目之一。全场五对五是常规的比赛形式，但不可否认，半场二对二、三对三及四对四才真正是全球普及的平民篮球运动。这种半场的比赛受场地限制小，人数要求少，规则要求也相对较少，因而群众普及程度非常高，也是篮球运动中最为普遍的开展形式。尤其是半场三对三的比赛，已经被列入到东京 2020 奥运会的正式比赛项目。在篮球运动开展最为普及的基层，各种半场的比赛最为常见。

　　篮球的半场比赛虽然参与人数较少，技术要求和战术形式看上去没有全场比赛那么复杂多变，但是，无论是哪种人数形式的半场比赛，进攻方法都是获胜的重要因素。在战术方法层面上，半场篮球比赛丝毫不逊色于全场比赛，在某种程度上，简单有效、符合球队的战术打法将会为球队的战斗力带来巨大的提升。无论是个人还是全队战术素养的培养，都离不开各种人数、各种阵容配置的半场训练和比赛，半场的战术训练也能够为全场战术素养的提高打下坚实的基础。

　　本书对半场二对二、三对三及四对四比赛的进攻战术方法作出了详细的阐述，把每种人数的比赛分列出各种不同的

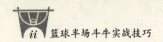

阵容组合，每种组合又分出不同的落位形式，每种落位形式再进行不同的战术配合。全书对每一种人数、每一种阵容的战术方法都进行了细致的讲解和分析，并详细地阐述了每种战术的配合要点。本书也把位置相似的阵容进行了统筹规划，这也符合现代篮球发展队员位置模糊的趋势。

由于水平有限，书写时间仓促。虽认真努力，但疏漏错误难免，不尽之处望尊敬的读者海涵，并诚请各位同行能够斧正本书的不到之处，多提宝贵建议。

阮永福

2018 年 3 月 9 日于合肥

图　例

球　●

进攻队员　○

防守队员　△

传球路线　------------>

运球路线　wwwwwww>

队员移动线路　——————>

掩护路线　—|

球场

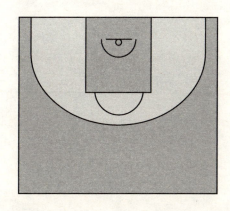

目录
CONTENTS

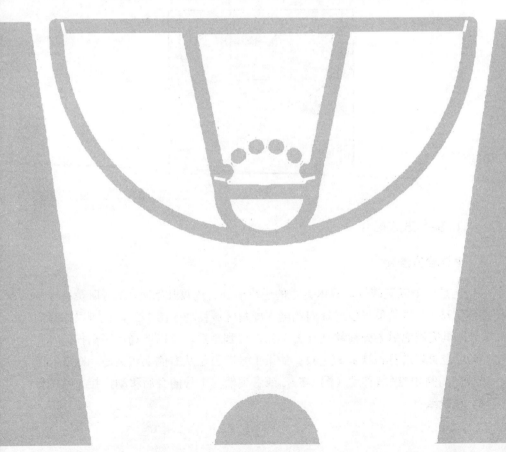

第一章　半场二对二

一、1号位和2号位的进攻组合（12）*

（一）弧顶落位

◆基本落位

这是一种两外线弧顶区域落位的进攻阵型，这种落位能够拉开限制区，给持球队员突破制造空间，也能让无球队员的切入更方便。1号队员持球于弧顶的一侧，2号队员落位于弧顶的另一侧（图1-1）。

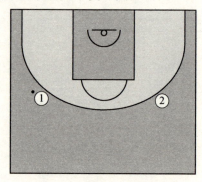

图 1-1

1. 突分进攻配合

◆配合方法

这是一个以突破分球战术为主的进攻配合。进攻开始时，1号队员持球从左侧突破，2号队员可以选择向弱侧零度角区域移动（图1-2），也可以选择向1号队员突破的后方外线移动（图1-3）。接到球后，可以选择远距离投篮（图1-4），也可以选择再次突破进攻。如果1号队员是从右侧上线突破，则2号队员要向弱侧45°区域移动（图1-5），或者突然向1号的身后移动，接1号的分球，或投或突。

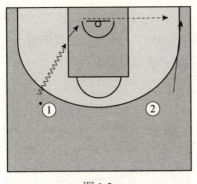

图 1-2

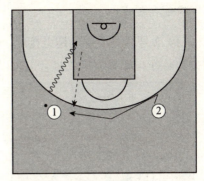

图 1-3

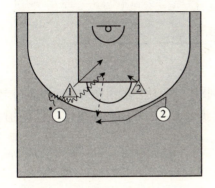

图 1-4

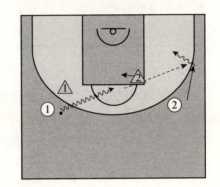

图 1-5

◆配合要点

（1）1号队员要根据防守人的防守情况，采取不同方向的突破。在突破的过程中，要观察无球队员的防守者协防的情况，及时传球给移动接应的2号。

（2）当1号队员突破时，2号队员要观察1号的突破路线，及自己防守人的协防情况，及时移动到合理的位置，接球攻击。如果1号从上线突破，则要向弱侧外线移动，或者突然移动到1号身后的弧顶位置；如果1号从左侧下线突破，可以向弱侧零度角或弧顶区域移动。

2. 以传切为主的进攻配合

◆配合方法

这是一个以传切战术为主的进攻配合。进攻开始时，1号队员传球给2号，然后从防守队员的身前（图1-6）或身后（图1-7）切向限制区，在切入的过程中接2号队员的回传球上篮。2号队员传球以后，如果1号队员投篮，则要积极跟进抢篮板球。

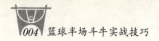

◆配合要点

（1）2号队员要主动迎上接球，在接球后做出"三威胁"进攻姿势，吸引对方的防守，如果有进攻机会，可以选择直接突破或远距离投篮。

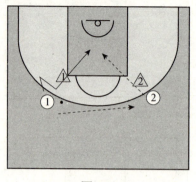

图 1-6   图 1-7

（2）在切入的时候，1号队员要通过肢体的假动作吸引防守，改变防守者的位置，再突然启动，用身体靠住对手，获得切入的空间和路线。在切入的过程中，保持与防守者身体接触并积极对抗。

3. 以挡拆为主的进攻配合

◆配合方法

这是一个以挡拆战术为主的进攻配合。当开始进攻时，1号队员持球于弧顶一侧。2号队员给1号做掩护，1号利用2号的掩护向右侧运球（图1-8）。1号队员在运球过程中，根据防守情况，可以选择中远距离投篮、运球上篮，或传球给掩护后转身下顺、掩护后向外线弹出的2号（图1-9）。2号接到传球后，可以选择投篮，也可以突破上篮。当2号队员给1号做掩护时，如果防守人采取提前抢位，则1号可以突然向左侧运球突破。

图 1-8   图 1-9

◆配合要点

（1）在 2 号队员掩护前，1 号队员要通过运球或身体假动作把防守人带入到掩护区，给 2 号队员创造有利的掩护位置。在掩护时，1 号队员要观察防守人的防守意图，选择运球方向。在掩护后，要观察防守的变化及 2 号队员移动的路线，选择合理的进攻方法。

（2）2 号队员在掩护完成后，要根据防守情况，选择下顺还是向外弹出接球。如果是弹出接球，要做好随后的进攻准备，或进行远距离投篮或突破进攻。

4. 运球掩护进攻配合

◆配合方法

这是一个以运球掩护为主的进攻战术配合。1 号队员通过运球给 2 号队员做掩护，2 号队员移动到 1 号的身后，接他的传球，或远距离投篮或从左路突破进攻（图 1-10）。如果防守方换防，或夹击，则 2 号队员可以传球给向限制区移动的 1 号队员，由他在内线完成进攻。

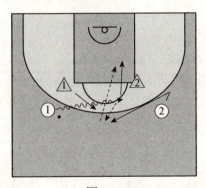

图 1-10

◆配合要点

（1）当 1 号队员向右侧运球准备寻求配合时，2 号队员要先向右侧移动，把防守人带入到掩护区。当看到 1 号进入掩护区时，再突然返跑接球。

（2）2 号队员接球后，如果防守失位，则可以果断投篮。如果防守队员换防，则要观察 1 号是否已经卡住位置。如果卡位成功，则要及时把球传给他。如果没有机会，要及时采取突破进攻。

（3）1 号队员掩护后，要转身卡位，准备接 2 号队员的传球。

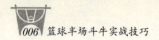

（二）强侧落位

◆基本落位

这是一种两名进攻队员同处于一侧的进攻落位阵型。这种落位方法可以在强侧发挥二人之间的传切、运球掩护等战术配合。1 号队员持球于弧顶一侧，2 号队员落位于强侧外线 30°附近区域（图 1-11）。

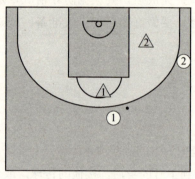

图 1-11

1. 以突分为主的进攻配合

◆配合方法

这是一个以突破分球为主的进攻战术配合。当进攻开始时，1 号队员从弧顶处左侧开始突破，当遇到协防、补防时，及时分球给 2 号队员。2 号队员在 1 号突破的时候，可以选择向篮下移动（图 1-12），或者沿三分线包抄到弧顶区域（图 1-13）。如果在篮下接到球，则可以强攻；如果在弧顶三分线附近接

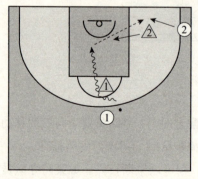

图 1-12

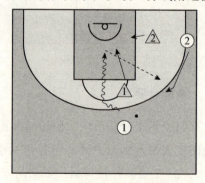

图 1-13

球，则可以进行中远距离投篮，或再次突破上篮。1号队员也可以选择从右侧开始突破，当遇到协防时，把球分给插向篮下或向外线身后移动的2号队员，2号接球后可以再次突破（图1-14、图1-15）。

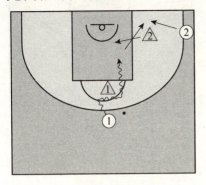

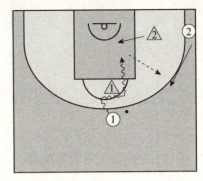

图1-14 图1-15

◆配合要点

（1）1号队员在选择突破方向的时候，要通过假动作破坏对方的防守，以便为突破创造空间。

（2）2号队员要根据1号队员突破的方向，选择自己移动的路线，并移动到预想的进攻区域，接球攻击。

2. 以传切为主的进攻配合

◆配合方法

这是一个以传切战术为主的进攻配合。进攻开始时，1号队员传球给2号队员，然后从防守队员的身前（图1-16）或者身后切入篮下（图1-17），接2号队员的传球上篮。

◆配合要点

（1）2号队员要积极主动地迎上接1号队员的传球，接球后要做出"三威胁"的攻击动作，吸引对方的防守。传给切入队员的球要隐蔽、及时。

（2）1号队员传球后，要通过假动作摆脱对方的防守，并要通过身体的卡位，获得前进的路线和空间。

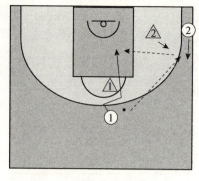

图 1-16

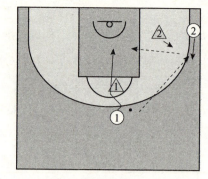

图 1-17

3. 以挡拆为主的进攻配合

◆配合方法

这是一个以挡拆战术为主的进攻配合。当进攻开始时，1 号队员持球于弧顶区域，2 号队员上提给 1 号做挡拆，1 号利用 2 号的掩护，向右侧运球。他可以选择自己突破上篮，也可以传球给掩护后转身下顺的 2 号队员（图 1-18）。当掩护发生时，如果防守队员采取上抢挤过，则 1 号可以突然向左侧运球。1 号突破防守后，可以直接上篮，如果遇到换防，则及时传球给下顺的 2 号队员，由他完成进攻（图 1-19）。

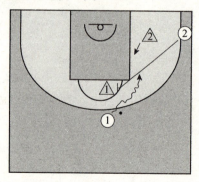

图 1-18

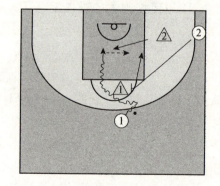

图 1-19

◆配合要点

（1）当进攻开始发动时，1 号队员要通过运球或者假动作把防守人带到掩护区，以便 2 号队员的掩护取位，提高掩护的质量。

（2）2 号队员在掩护后，要根据防守方战术的变化，采取不同的移动路线。

如果对方换防，则要用身体卡住 1 号队员的防守人，并转身下顺，准备接 1 号队员的传球。如果对方不换防，且采取穿过或绕过的方式，则在掩护完成后，向弧顶三分线外移动，接 1 号队员的回传球投篮。

（3）在掩护的瞬间，1 号队员要根据防守人的防守抢位意图选择相反的运球方向。例如：如果防守人没有选择上抢挤过，则可以向右侧运球。如果防守人采取积极上抢，则可以突然向左侧运球突破上篮。

4. 以运球掩护为主的进攻配合

◆配合方法

这是一个以运球掩护为主的战术配合。1 号队员通过运球给无球的 2 号队员做掩护，2 号队员移动到 1 号队员的后方，接 1 号的传球（图 1-20）。如果对方没有交换防守，则 2 号队员可以远距离投篮；如果对方换防，则可以从左侧突破进攻。他可以自己上篮，也可以传球给掩护后向篮下移动的 1 号队员（图 1-21）。

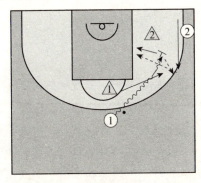 

图 1-20　　　　　　　　　　　　　　　图 1-21

◆配合要点

（1）当 1 号队员运球掩护时，2 号队员要先向端线方向移动，把防守队员带入到掩护区域，在看到 1 号移动到掩护区域后，突然返跑接球。在接球后，要观察防守方是否换防。一旦没有换防，则可以果断进行投篮。如果对方换防，可以从左侧突破进攻。

（2）在运球掩护完成后，1 号队员要及时转身卡位，把防守人挡在身后。如果 2 号投篮，则可以冲抢篮板球；如果 2 号队员突破，则要立即跟进，准备接球进攻，或抢前场篮板球。

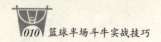

（三）弱侧落位

◆基本落位

这是一种以外线进攻为主的进攻落位阵型，主要以突破分球为主。1 号队员持球于弧顶一侧，2 号队员落位于弱侧的零度角，尽量拉开空间，为持球队员的突破创造条件（图 1-22）。

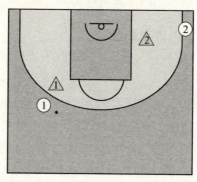

图 1-22

1. 以突分为主的进攻配合

◆配合方法

这是一个以突分为主的进攻战术配合。当开始进攻时，1 号队员持球于弧顶，开始从右侧突破（图 1-23）。当遇到 2 号队员防守人的协防、补防时，把球及时传给拉开接应的 2 号。当 1 号队员开始突破时，2 号队员要积极调整位置。如果 1 号队员从上线突破，则 2 号队员可以考虑向弧顶处移动，或者向篮下移动，接应 1 号队员的分球。如果 1 号队员从左侧下线突破。则 2 号队员可以考虑向弱侧零度角区域移动，接应 1 号从端线传过来的球（图 1-24）。一旦 2 号队员在这个区域接球，可以投三分，或者突破上篮。2 号队员也可以向罚球线区域移动，接应 1 号队员的分球（图 1-25）。

◆配合要点

（1）1 号队员在突破时，要观察协防人的移动位置，能够及时分球，以免被夹击。

（2）当 1 号队员突破时，2 号队员一定要根据他的突破方向，选择合理的移动路线，及时接应其分球。一旦获得投篮空间，要果断地进行攻击。

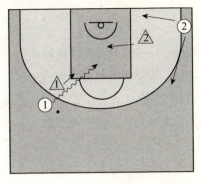

图 1-23

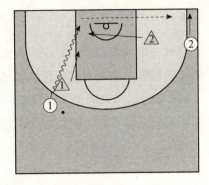

图 1-24

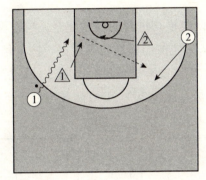

图 1-25

2. 溜底线进攻配合

◆配合方法

当进攻开始时，1 号队员持球于弧顶，2 号队员沿端线溜到强侧，接 1 号队员的传球（图 1-26）。如果防守队员没有及时跟上，则可以选择中距离投篮。如果没有投篮机会，则 2 号队员要及时把球传给切向限制区的 1 号队员，1 号接球后可以选择突破上篮（图 1-27）。

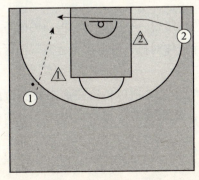

图 1-26

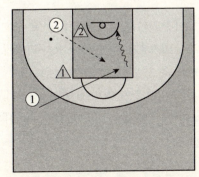

图 1-27

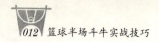

◆配合要点

（1）在进攻发动开始时，二人要形成默契，1 号队员在弧顶持球，等待 2 号队员的溜底，要及时把球传给溜过来的 2 号，传球的时机非常重要。

（2）2 号队员在溜底的过程中，要做到有位就抢。一旦在篮下获得了进攻空间，可以立即卡位，把防守队员挡在身后，接 1 号队员的传球投篮。

3. 横切进攻配合

◆配合方法

这是一个以弱侧队员横切进攻的战术配合。当进攻开始时，1 号队员持球于弧顶，2 号队员从防守前面横切向限制区，接 1 号队员的传球，在篮下进行攻击（图1-28）。如果没有进攻机会，则 2 号队员可以把球分给移动到罚球区接应的 1 号队员（图1-29）。1 号队员可以中远距离投篮，也可以突破上篮。

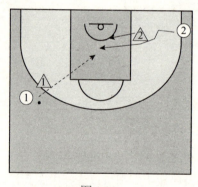
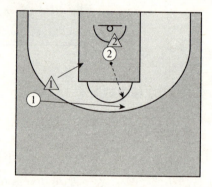

图 1-28　　　　　　　　　　图 1-29

◆配合要点

（1）2 号队员在横切时，要先向端线区域移动，吸引防守，再切向篮下区域。在切入时，要主动寻求与防者队员进行身体对抗，尽量在靠近篮下的区域抢到位置。

（2）当 2 号队员横切时，1 号队员要能够及时把球传给在篮下要到位的 2 号队员，并观察自己防守人的协防位置，及时调整位置主动接应 2 号的回传球。

二、1号位和5号位的进攻组合（14、25）

（一）内线强侧落位

◆ 基本落位

这是一种内外线强侧落位的进攻阵型，不仅可以发挥内线低位进攻的优势，而且还能够充分进行二人在强侧的战术配合。1号队员持球于弧顶一侧，内线队员5号在强侧低位落位（图1-30）。

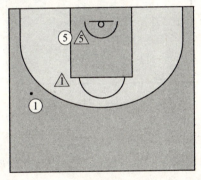

图 1-30

1. 低位强攻进攻配合

◆ 配合方法

这是一个以中锋在低位强攻的进攻战术配合。当进攻开始时，1号队员传球给低位的内线队员5号。当5号接球后，1号切向限制区。如果没有机会接球，则拉到弱侧外线30°区域附近（图1-31）。当1号队员拉开后，5号队员开始实施篮下强攻（图1-32）。1号队员在传球后，也可以直接向弧顶区域移动，吸引防守，为内线的5号队员创造更大的进攻空间，并做好接应的准备（图1-33）。

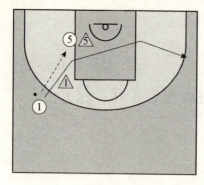

图 1-31

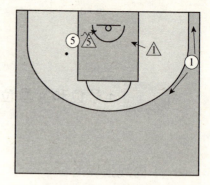

图 1-32

图 1-33

◆配合要点

（1）5 号队员在低位要位时，尽量把对手挤靠在身后，通过身体对抗获得接球的有利位置和进攻空间。

（2）外线队员要提高传球的质量，让内线队员在靠近篮下的区域接球，从而提高他进攻的威胁性。

（3）1 号队员在切入的过程中，要随时准备接 5 号的回传球，保持战术的灵活性。

2. 低位策应进攻配合

◆配合方法

这是一个以内线在低位策应进攻的战术配合方法。当开始进攻时，1 号队员传球给低位的 5 号队员（图 1-34），当 5 号队员持球后，1 号队员向对侧弧顶区域或强侧零度角区域移动，接 5 号队员的策应传球，进行中远距离投篮或突破上篮（图 1-35）。

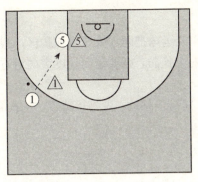

图 1-34

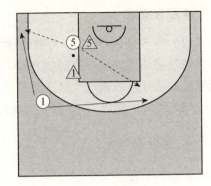

图 1-35

◆配合要点

（1）5 号队员在接球的时候，可以适当向外线移动并转身面对篮筐，做出攻击姿势以吸引外线防守队员的包夹。也可以背对篮持球，做出攻击姿势。不要轻易运球，以免不能及时传球给队友失去好的进攻机会。一旦运球，则要考虑对方的包夹情况，为策应传球做好准备。

（2）1 号队员要根据其防守人的协防位置选择移动的方向。如果对方从上线回去协防，则可以向零度角区域移动。如果对方从下线方向回撤协防，则可以考虑向弱侧弧顶区域移动，并做好接球中远距离投篮的准备。

3. 挡拆进攻配合

◆配合方法

这是一个以挡拆战术为主的进攻配合。当进攻开始后，1 号队员持球于侧翼，5 号从右侧给 1 号做掩护，1 号向右侧运球突破（图 1-36）。可以自己中远距离投篮或运球突破上篮，也可以传球给掩护后向篮下移动的 5 号，由他完成进攻。5 号也可以从左侧掩护，由 1 号队员向左侧运球展开进攻（图 1-37）。

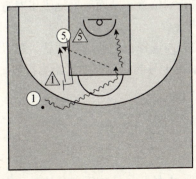

图 1-36

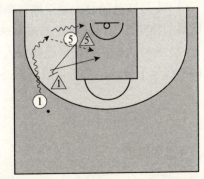

图 1-37

◆配合要点

（1）当 5 号掩护时，1 号要通过假动作或运球把防守人带到掩护区，根据防守情况灵活选择运球突破的方向。如果对方换防，则要运用速度突破对方内线队员的防守，或采取中远距离投篮。

（2）当掩护完成后，5 号要及时转身，向篮下移动，做好接球攻击的准备。

4. 突分进攻配合

◆配合方法

这是一个以外线突破为主的进攻战术配合。进攻开始后，1 号队员从右侧向内线突破。一旦 1 号队员突破了自己的防守人获得了有利的进攻位置，会吸引 5 号队员的防守人进行协防或补防。此时，1 号队员就可以把球传给向篮下插入的 5 号队员，由他在篮下完成进攻（图 1-38）。在选择突破的时候，1 号队员可以选择从防守人的左侧突破，也可以选择从防守人的右侧突破（图 1-39）。

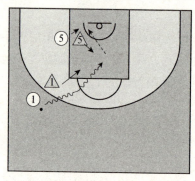
图 1-38

图 1-39

◆配合要点

（1）1 号队员的突破要果断，争取获得有利位置。从而更好地吸引对方内线队员的协防，为内线队友创造接球进攻机会。

（2）5 号队员要根据自己防守人协防的方向选择自己移动的位置，可以选择向内线篮下移动，也可以选择向外线移动接 1 号的传球在中远距离投篮。

（二）弱侧落位

◆基本落位

这是一个内外拉开的二人进攻落位阵型。1 号队员持球于三分线外，内线队员 5 落位于弱侧低位靠外的区域（图 1-40）。这种落位阵型，既可以充分发挥外线持球进攻的能力，也可以发挥内线队员低位进攻的能力。

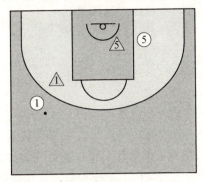

图 1-40

1. 突分进攻配合

◆配合方法

这是一种以外线队员突破分球战术为主的进攻配合。进攻开始时，1 号队员从左侧突破，当 5 号队员的防守人协防时，5 号队员可以及时移动到篮下或罚球弧区域接 1 号队员的分球进攻（图 1-41）。5 号队员可以采取中距离投篮，也可以突破上篮。当 1 号队员从右侧突破时，5 号队员要向弧顶外侧走位，拉开防守距离，接 1 号的传球进行中距离投篮。也可以向篮下移动，接 1 号队员的传球，在篮下强攻（图 1-42）。

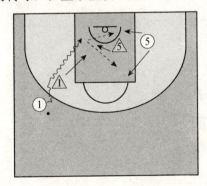

图 1-41

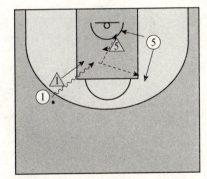

图 1-42

◆配合要点

（1）配合开始时，二人之间要达成默契，当 1 号选择从左侧突破时，5 号要适当地向上线移动一点距离，把防守队员向高位吸引。当 1 号队员选择从右侧突破时，5 号队员要选择向端线区域移动。为 1 号队员的突破创造空间。

（2）二人都要观察防守人防守时移动的战术配合，5 号要及时移动到接应位置，1 号队员要能够及时分球给 5 号队员。

2. 挡拆进攻配合

◆配合方法

这是一个以内线队员给外线队员挡拆开始发动进攻的战术配合。当进攻开始时，5 号队员上提到三分线外，给持球的 1 号队员做有球掩护。1 号队员利用 5 号的掩护选择进攻方向。5 号队员可以选择在右边做掩护（图 1-43），也可以选择在左边做掩护（图 1-44）。在掩护时，如果防守人采取抢过的方式，则 1 号队员可以从另一侧运球突破防守（图 1-45）。

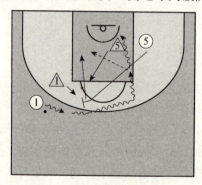
图 1-43

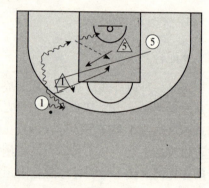
图 1-44

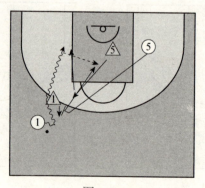
图 1-45

◆配合要点

（1）1 号持球队员要通过自己的运球及假动作吸引防守人的注意力，并把防守人带入到掩护区，以便提高挡拆的质量。

（2）5 号队员要根据 1 号队员的防守位置，采取灵活的掩护办法，尽量避免发生进攻犯规。在掩护完成后，要根据自己的进攻能力选择拆开移动的路线。如果具备中远距离投篮，则可以考虑向外线或弱侧外线移动；如果外线攻击能力弱，则要及时转身向篮下移动，争取在篮下接球进攻的机会。

3. 罚球线策应进攻配合

◆配合方法

这是一个内线队员从弱侧上提到罚球线区域接球策应进攻的配合。当进攻开始时，位于弱侧的 5 号队员突然上提到罚球线区域，接 1 号队员的传球（图1-46）。1 号队员传球给 5 号后，要根据防守人协防的位置，选择是从左侧切向篮下还是向另一侧的弧顶移动，接 5 号的分球攻击（图1-47）。

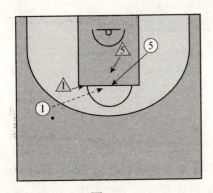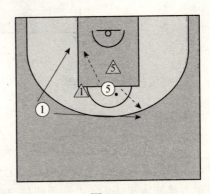

图 1-46　　　　　　　　　　　　　　　图 1-47

◆配合要点

（1）5 号队员上提策应动作要隐蔽，尽量要到靠近限制区的位置。在接到球后，要及时转身面对篮筐，给对手压力，吸引对方的防守。一旦对方防守松懈，可以直接向篮筐发起攻击。

（2）当 5 号队员接球后，1 号队员要观察他的进攻意图，并观察自己防守人的协防移动路线和注意力。如果对方向篮下收缩协防，则可以跑向对侧的弧顶区域，接 5 号的传球，进行中远距离投篮。如果防守队员协防的位置靠上，则可以突然向篮下切入，接 5 号的回传球进攻。

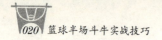

（三）罚球线落位

◆基本落位

这是一个内线队员在罚球线区域落位的进攻阵型，可以充分运用内线队员在高位的策应及挡拆能力发动进攻。这种落位阵型也拉开了篮下区域，为外线队员的突破创造了空间。进攻开始时，1 号队员持球于弧顶一侧，内线队员 5 号落位于罚球线区域（图 1-48）。

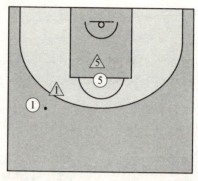

图 1-48

1. 高位挡拆进攻配合

◆配合方法

这是一个内线队员给外线队员（后卫）的做挡拆的进攻配合。当进攻开始时，罚球线落位的 5 号从右侧给 1 号做掩护，1 号从右侧运球突破（图 1-49）。当对方换防或夹击时，1 号把球传给掩护后向限制区移动的 5 号，由他完成进攻。在掩护时，如果 1 号队员的防守人采取抢过的方式，则 1 号可以选择突然向左侧运球突破防守。

图 1-49

◆配合要点

当进攻开始时，1 号要把防守人带入较理想的掩护区。通过先向左侧运球或突破的假动作吸引其防守人向左侧移动。

当掩护完成后，如果对方换防，则 5 号要把 1 号的防守人卡在身后，并及时向篮下移动，接 1 号的传球投篮。

2. 罚球线策应进攻配合

◆配合方法

这是通过内线队员在罚球线做策应展开的进攻战术配合。当进攻开始后，1 号队员向弧顶区域运球，然后传球给罚球线的 5 号。当 5 号接球后，1 号从右侧切入，摆脱防守，接 5 号的传球进攻（图 1-50）。

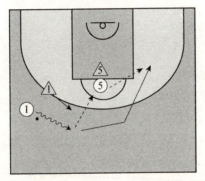

图 1-50

◆配合要点

（1）1 号在运球过程中要及时通过反弹或高吊传球给 5 号。并把突破和传球结合起来，打乱对方的防守。

（2）当 5 号接球后，要能够及时转身面对篮筐。如果防守不到位，可以采取中距离投篮或突破上篮。

（四）外线落位

◆基本落位

这是内外线队员都在外线落位的进攻落位阵型。1 号队员在弧顶一侧的三分线外持球，5 号队员在弧顶的另一侧外线落位，拉开进攻空间（图 1-51）。这种落位阵型拉开了进攻空间，扩大了防守范围，增加了防守难度。不仅可以发挥外线队员突破的能力，而且也能够充分发挥内线队员在移动中进攻的能力。这种落位阵型对内线队员移动能力强的队伍非常有利。

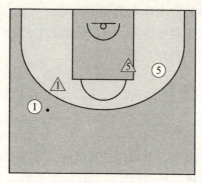

图 1-51

1. 突分配合

◆配合方法

这是以突破分球为主的进攻配合。进攻开始时，1 号队员在弧顶持球，从左侧开始突破。落位于弱侧外线的 5 号队员向罚球区移动接 1 号队员的传球进攻，或者插向篮下，接 1 号队员的传球强攻（图 1-52）。1 号队员也可以选择从防守人右侧突破，此时，5 号队员可以向罚球弧顶处移动，接 1 号队员的分球进攻，也可以向篮下移动，接球强攻（图 1-53）。

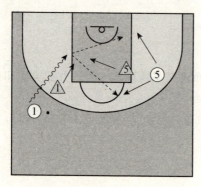

图 1-52

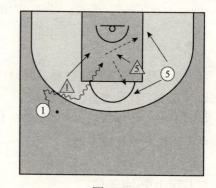

图 1-53

◆配合要点

（1）1 号队员在突破时，要观察对方内线队员的协防位置，根据防守人的意图和选位，及时分球给移动接应的 5 号队员。1 号队员不要一味地向篮筐发动进攻，由于对方内线队员的协防、补防等，可能会限制自己的突破上篮。

（2）5号队员在1号队员突破时，要积极主动调整位置，移动到能够接应传球的区域，并做好进攻的准备。5号队员一旦在篮下接到球，则要采取强攻的办法。

2. 传切配合

◆配合方法

这是一种以传切战术进攻为主的配合。进攻开始时，1号队员传球给上提到弱侧三分线区域的5号队员，然后从防守队员的身前或身后向篮下切入。5号队员及时把球传给切入的1号队员，由1号队员完成进攻（图1-54）。一旦1号没有机会进攻时，则向强侧外线45°区域移动，接5号的传球。5号队员传球给1号队员后，从防守队员的身前或身后切入向篮下，接1号队员的传球进攻（图1-55）。

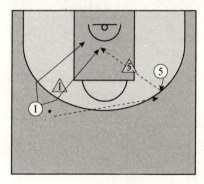

图1-54

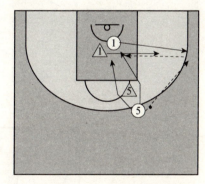

图1-55

◆配合要点

（1）5号队员在接球的时候，要采取"三威胁"的姿势，吸引防守。一旦防守队员没有及时跟上，则可以采取中远距离投篮或突破上篮。给切入的1号队员的传球需要提高隐蔽性，以免球被对方抢断。

（2）1号队员在切入的时候，要主动提高与防守人的身体对抗。如果从防守队员的前面切入，则需向后靠住对手，把对手向篮下挤压，扩大接球空间。如果是从防守队员后面切入，则需向上顶住对手，把对手向上线挤压。一旦1号队员获得位置，可以就地卡位，用右手顶住防守队员的腰部，伸出左手要球。

（3）当1号队员拉出到三分线接球时，要提高接球后的攻击性，同时吸引

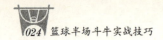
防守的注意力，为 5 号队员的切入创造条件。

3. 倒挡拆配合

◆配合方法

这是一个外线队员给内线队员做挡拆的进攻配合。当进攻开始时，1 号队员传球给弱侧外线的 5 号（图 1-56），然后 1 号队员与 5 号做持球挡拆。5 号队员利用 1 号的掩护，向罚球线区域运球。5 号可以直接运球上篮，也可以传球给掩护后转身的 1 号队员（图 1-57）。如果没有机会，则可以把球传给拉到外线的 1 号，1 号队员通过突破再次进攻（图 1-58）。

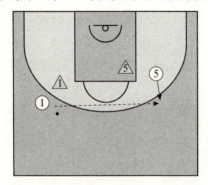

图 1-56

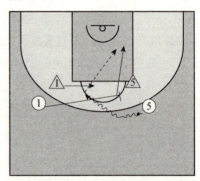

图 1-57

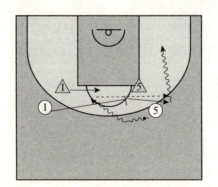

图 1-58

◆配合要点

（1）5 号队员要根据自己的持球能力，采取有针对性的进攻办法。如果 5 号队员持球进攻能力强，一旦对方换防，则可以强"吃"对方的后卫。

（2）一旦 5 号队员进攻受阻，1 号队员要及时弹出接应，保持进攻的流畅性。

三、2号位和3号位的进攻组合

（一）强侧落位

◆基本落位

这是两个外线队员同落位于强侧的进攻落位阵型，有利于二人之间在球场一侧展开进攻。当进攻开始时，2号队员持球于弧顶一侧，3号队员落位于强侧外线零度角区域附近（图1-59）。

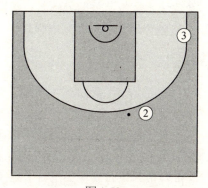

图 1-59

1. 突分配合

◆配合方法

进攻开始时，2号队员从左侧向篮下突破，3号队员可以选择沿三分线向弧顶区域移动，或向篮下移动（图1-60）。当2号队员遇到3号队员防守人的协防、补防时，可以及时把球传给移动到接应位置的3号。3号队员可以根据防守情况，进行有针对性的进攻。如在外线接球，则可以接球就进行中远距离投篮；如果是在篮下接到2号的传球，则可以采取强攻的方法。2号队员也可以采取从右侧突破完成进攻（图1-61）。

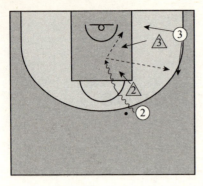
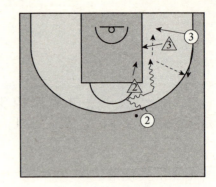

图 1-60　　　　　　　　　　　　　　图 1-61

◆配合要点

（1）当 2 号队员突破时，3 号队员要观察防守人位置移动情况，从而采取有针对性的移动，拉开对方的防守，获得进攻机会。

（2）当 3 号队员在外线接到 2 号队员的分球时，要果断投篮并积极冲抢二次篮板球。如果是在篮下接到传球，要果断采取强攻。

2. 强力运球掩护配合

◆配合方法

进攻开始时，2 号队员右手运球，通过强力运球给 3 号队员做掩护，3 号队员返跑后，在弧顶侧翼区域接 2 号队员的传球（图 1-62）。如果获得了进攻空间，3 号队员可以直接进行远距离投篮。如果对方换防，则可以把球传给向篮下移动的 2 号队员（图 1-63）。一旦没有机会投篮则传球给 2 号队员，2 号队员可以选择从左侧突破上篮（图 1-64）。

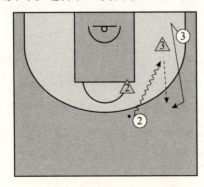

图 1-62　　　　　　　　　　　　　　图 1-63

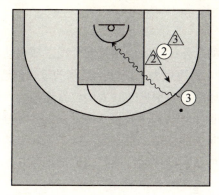

图 1-64

◆配合要点

（1）二人的运球掩护要默契，2 号队员传球给 3 号队员后，要及时转身卡位，把 3 号的防守人顶在身后。

（2）3 号队员要能够根据防守队员的移动位置及换防情况，及时采取有针对性的进攻。

3. 传切–突分配合

◆配合方法

进攻开始时，2 号队员传球给上提接球的 3 号队员后，采取 v 字形切入。根据防守队员的位置采取不同的切入路线，或身前切入，或身后切入。在切入的过程中，接 3 号队员的传球上篮（图 1-65）。如果 2 号队员没有机会接球进攻，则向弱侧外线移动，拉开内线进攻的空间。当 2 号离开限制区后，3 号队员可采取突破的方法，或突破上篮，或在遇到包夹时分球给向弧顶区域接应的 2 号队员，给 2 号创造进攻机会（图 1-66）。

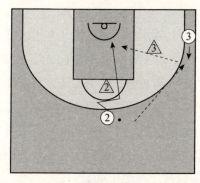

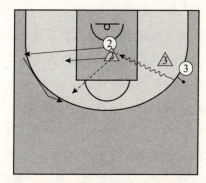

图 1-65   图 1-66

◆配合要点

（1）3号队员移动准备接球时，尽量向外线区域移动，接球时做出"三威胁"姿势，吸引防守人的注意力，以便给后续的进攻创造更大的空间。

（2）2号队员传球后，要根据防守人的位置选择切入移动路线。如果在篮下获得位置，可以在篮下顶住对手，接3号队员的传球强攻篮下。一旦没有机会，2号队员要迅速向弱侧移动，拉空限制区，为3号队员的突破创造空间。当3突破时，2号队员要积极移动，做好接应的准备。

（二）弱侧落位

◆基本落位

这是一种拉开进攻空间的落位阵型，有利于持球队员的突破。进攻开始时，2号队员持球于弧顶一侧，3号位队员落位于弱侧零度角区域（图1-67）。

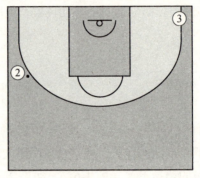

图 1-67

1. 突分配合

◆配合方法

当进攻开始时，2号队员持球从右侧开始突破，当遇到协防、夹击或补防时，2号可以分球给移动到弧顶高位或插向篮下的3号队员（图1-68）。如果3号队员向弧顶高位移动接球时，可以采取中远距离投篮。如果3号队员向篮下移动，接球后可以直接攻击篮筐。2号队员也可以根据防守的站位情况从左侧突破。当2号队员从左侧突破时，3号队员要根据防守移动的情况，可以向罚球线区域移动接应2号的传球，也可以向零度角区域移动接应2号从端线附近的传球，还可以突然插向篮下，接2号的传球进攻（图1-69）。

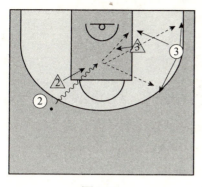

图 1-68

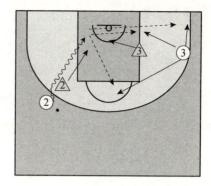

图 1-69

◆配合要点

（1）2 号队员要根据自己防守人的取位情况，采取不同的突破路线，并主动加强突破时的身体对抗，吸引对方无球防守者的协防。

（2）3 号队员要观察 2 号队员突破的路线情况，根据不同的突破方向采取不同的移动路线，同时做好随时接应的准备，并果断进攻。

2. 溜底线配合

◆配合方法

当进攻开始时，2 号队员向左侧运球，此时，3 号队员从对角沿端线向强侧低位区域移动。2 号队员及时传球给 3 号（图 1-70），3 号接球后，可以直接进攻，如急停跳投，或突破上篮；也可以传给从上线切向限制区的 2 号队员，给 2 号队员创造进攻机会（图 1-71）。

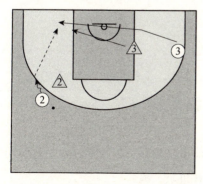

图 1-70

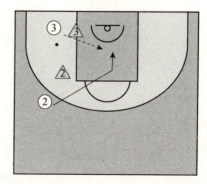

图 1-71

◆配合要点

（1）当进攻开始时，进攻队员之间要形成战术默契，能够准确地移动到相应的区域。

（2）2号队员要观察3号队员接球后的进攻意图，一旦其没有获得攻击机会，则要及时向限制区切入，准备接3号队员的传球进攻。

3. 横切配合

◆配合方法

当进攻开始时，2号队员持球于弧顶，3号队员从弱侧向限制区横切移动。2号队员及时把球传给在限制区获得有利位置的3号，3号队员可以选择在篮下进攻（图1-72）。当3号遭遇夹击时，也可以把球传给向限制区右侧顶角移动的2号队员，给其创造进攻机会（图1-73）。

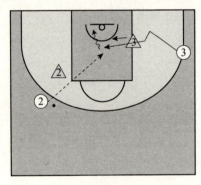 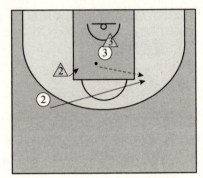

图1-72　　　　　　　　　　　　　　　　图1-73

◆配合要点

（1）3号队员在横切前，要向端线方向移动，为横切创造空间位置。

（2）2号队员要能够及时把球传给在篮下要位的3号队员，否则容易导致进攻方3秒违例。

（3）一旦3号队员遇到包夹，不能在篮下进攻时。2号队员要及时移动到合适的位置，接应3号的传球，并及时展开进攻。

（三）弧顶落位

◆基本落位

这是一个以外线进攻为主的落位阵型。2 号队员持球于弧顶的一侧，3 号队员落位于弧顶的另一侧（图 1-74）。这种拉开低位空间的落位阵型，有利于持球队员向内线的突破及突破后的分球进攻等配合。

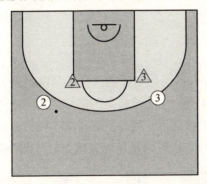

图 1-74

1. 突分配合

◆配合方法

当进攻开始时，2 号队员持球从左侧突破，一旦 3 号队员的防守人协防或夹击时，3 号队员要向弱侧侧翼区域移动，或向弧顶区域移动，接 2 号的传球进攻（图 1-75）。如果能够获得空位投篮机会，则可以进行中远距离投篮。如果防守队员能够及时跟出来防守，则 3 号队员可以再次突破上篮，或分球给拉开的 2 号队员，并由他完成进攻（图 1-76）。

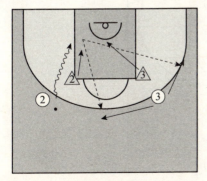

图 1-75

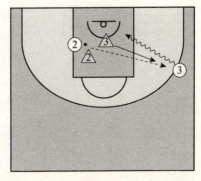

图 1-76

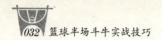

◆配合要点

（1）在突破时，2号要能够观察3号队员的防守人移动情况，及3号的移动位置。一旦遭遇包夹、协防等，要及时把球分给接应的3号队员。

（2）当2号突破时，3号队员要积极主动地移动到空位上，接应2号队员的传球，并做好攻击准备。

2. 运球掩护配合

◆配合方法

当进攻开始时，2号队员用右手通过向3号队员强力运球向内压缩防守人的防守位置，并用身体掩护住3号队员的防守人，把球传给返跑接球的3号队员（图1-77）。3号队员接球后，可以把球传给卡位转身的2号队员（图1-78）。如果没有机会，则3号队员可以从左侧突破上篮（图1-79）。

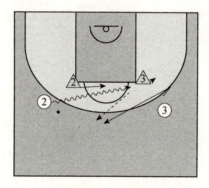

图1-77

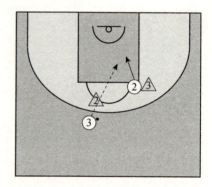

图1-78

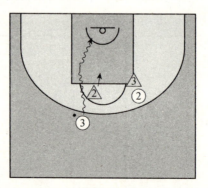

图1-79

◆配合要点

（1）2号队员在运球掩护时，要利用自己的身体卡住3号队员防守人的位置。传球后能够及时转身，向篮下移动接3号队员的传球进攻。

（2）3号队员在2号队员向自己一侧运球时，先采取拉开的方式。当2号运球到位后，立即返跑，接2号的传球伺机进攻。3号队员接球后，及时观察2号的卡位情况，一旦其获得了理想的位置，要及时把球高吊或反弹传给他。如果2号队员被防守人顶在外面，则3号队员要从左侧突破进攻。

3. 挡拆配合

◆配合方法

当进攻开始时，3号队员给2号队员做掩护，二人在弧顶左侧打有球挡拆配合（图1-80）。2号队员利用3号的掩护，从右侧运球展开进攻，可以自己突破上篮也可以中远距离投篮，还可以把球传给掩护后转身向篮下移动的3号队员。在掩护时，如果防守人采取抢过的方式，则2号队员可以突然向左侧变向，从左侧突破进攻（图1-81）。

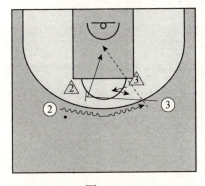
图 1-80

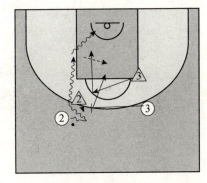
图 1-81

◆配合要点

（1）挡拆时，3号队员在不犯规的情况下，要能够用身体卡住对手，逼迫对方换防。一旦换防，3号队员要及时转身向篮下移动，把防守人挡在身后，获得二打一的机会。

（2）当3号队员实施挡拆时，2号队员要观察自己防守人的抢位情况。如果对方抢位过多，则要及时变向从左侧突破上篮。当对方换防时，要能够及时把球传给插向篮下的3号队员。

四、3号位和5号位的进攻组合（34、25）

（一）内线强侧低位落位

◆基本落位

这是一种内外线之间的进攻阵容组合，不仅能够发挥内线队员在低位进攻的优势，也能够发挥外线队员的突破能力，内外线之间能够在强侧形成有利的进攻战术配合。3号队员持球于弧顶区域，5号队员在强侧低位落位（图1-82）。

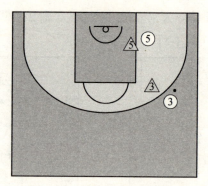

图 1-82

1. 低位强攻配合

◆配合方法

这是一个以内线低位强攻为主的进攻战术配合。3号队员从外线供球给低位的5号队员，然后切入，接5号的传球上篮。如果不能接到回传球，则向弱侧外线拉开，给5号创造进攻的空间（图1-83）。5号在3号拉开后，向篮下运球强攻。3号则向弱侧零度角或弧顶区域移动，做好接应的准备（图1-84）。一旦5号投篮，3号队员则要及时冲抢篮板球。当5号传球给外线的3号队员后，可以再次在篮下要位，做第二次篮下的强攻。

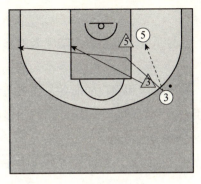

图 1-83

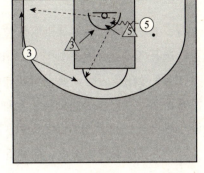

图 1-84

◆配合要点

（1）外线的 3 号队员要顺利把球传给低位的 5 号，减小 5 号接球的难度，为其在篮下的强攻打好基础。

（2）3 号在切入过程中，要做好接 5 号回传球的准备。当不能接球时，要及时向弱侧外线拉开，给 5 号创造空间。

（3）一旦 5 号队员篮下强攻，3 号要及时调整自己的位置，做好随时接应 5 号向外线传球的准备。

2. 低位策应配合

◆配合方法

这是一个以低位内线策应为主的进攻配合。外线的 3 号传球给低位的 5 号队员，然后向强侧的零度角或者向弧顶区域横向移动，接 5 号的策应传球形成进攻（图 1-85）。当 3 号在外线接球不能及时投篮时，可以选择突破上篮或突分给 5 号完成进攻（图 1-86）。

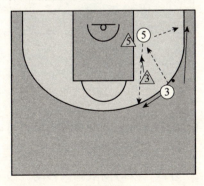

图 1-85

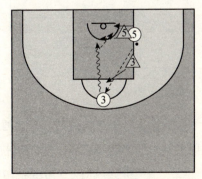

图 1-86

◆配合要点

（1）3号要顺利地把球供给低位策应的5号手中，观察自己防守人的移动位置，选择向端线还是向弧顶区域移动。

（2）5号在策应时，要观察防守情况，做好策应和强攻的准备。如果防守方没有协防，则可以考虑向篮下运球，吸引对方外线的防守，给外线的同伴创造进攻机会。一旦外线协防到位，则要及时把球传给3号。

（3）3号在调整位置时，要和5号保持适当的距离，增加对方外线防守人协防的难度。

3. 挡拆配合

◆配合方法

这是由低位内线队员上提给外线队员做掩护的进攻战术配合。当进攻开始后，5号从左侧给3号做掩护，3号利用5号的掩护从左侧向中路突破（图1-87）。在突破的过程中，3号队员根据防守的情况，可以运球上篮，也可以中远距离投篮，还可以传给掩护后向限制区移动的5号。5号也可以从右侧给3号做掩护，3号从右侧突破展开进攻（图1-88）。

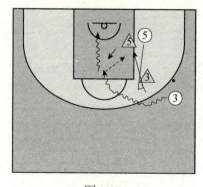

图 1-87

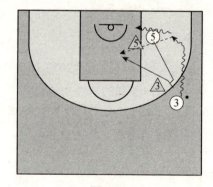

图 1-88

◆配合要点

（1）当3号运球突破防守后，要根据自己的技术能力选择进攻方法，可以运球突破上篮，也可以做中远距离投篮。

（2）当掩护完成后，5号要把防守人顶在外线，及时向限制区移动，做好接球进攻的准备。

（二）内线弱侧落位

◆基本落位

这是一种内线在弱侧落位的进攻阵容组合，3 号队员持球于弧顶一侧，5 号队员在弱侧区域落位（图 1-89）。这种进攻落位阵型，不仅能够发挥外线队员突破的优势，而且也可以让内线队员在低位获得更多的进攻空间。

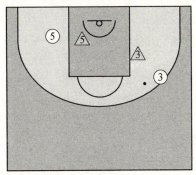

图 1-89

1. 突分配合

◆配合方法

这是一种以外线突破分球为主的进攻配合。外线的 3 号可以选择从上线突破，也可以选择向下线突破。当 3 号从上线突破时，如果 5 号的防守人去协防，则 5 号可以向上移动到罚球线和限制区角部的区域，接 3 号的传球，或中距离投篮，或从右侧向篮下突破上篮。5 号也可以选择溜向篮下的方向，接 3 号的传球，在篮下形成攻击（图 1-90）。当 3 号从下线突破时，如果 5 号的防守人协防，则 5 号可以向限制区中部的区域移动，接 3 号的传球投篮；也可以向端线区域移动，接应 3 号的传球进攻（图 1-91）。如果 5 号队员在罚球线区域接球，可以中投，或突破上篮（图 1-92）。

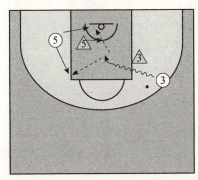

图 1-90

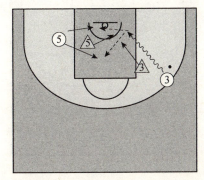

图 1-91

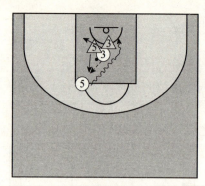

图 1-92

◆配合要点

（1）在 3 号突破的时候，5 号开始要适当地向外侧拉开，把防守人调开，远离限制区，增加其协防的距离。

（2）3 号在突破时，要及时观察防守人的位置以及协防人的位置，做好自己上篮或分球给同伴的选择。

（3）内线队员 5 号要观察自己防守人移动的位置，可以选择是向外接应，还是向端线篮下区域移动。

2. 内线横切配合

◆配合方法

这是一个以内线进攻为主的进攻战术配合。当进攻开始时，3 号队员向弧顶区域运球，吸引防守。5 号队员突然横切向限制区移动，力争在限制区的低位抢到位置，接外线 3 号的传球，在篮下区域形成进攻（图 1-93）。一旦受到包夹，或进攻受阻，则可以及时把球传给外线接应的 3 号队员。3 号在外线获得进攻机会，或中远距离投篮，或向篮下突破完成进攻（图 1-94）。

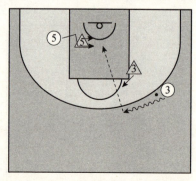

图 1-93

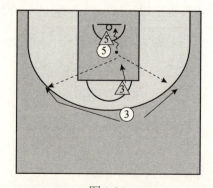

图 1-94

◆配合要点

（1）外线的 3 号队员要通过自己的运球吸引防守的注意力，为 5 号的横切创造机会。

（2）5 号在横切前，要观察防守人的位置，先向端线方向移动，然后突然横切，或通过转身卡位的方式，获得篮下有利位置。

（3）当 5 号在篮下要位时，3 号要及时把球供给他，不要贻误战机。一旦 5 号进攻受阻，3 号要及时调整位置，做好接应和接球攻击的准备。如果 5 号在篮下强攻，则 3 号要积极冲抢篮板球。

（三）内线罚球线落位

◆基本落位

这是一种锋线和内线之间在高位的进攻组合，内线队员 5 号落在罚球线位置，外线队员 3 号持球于弧顶一侧区域（图 1-95）。这种落位阵型可以拉空低位区域，有利于在高位区域进行策应、挡拆的战术配合。

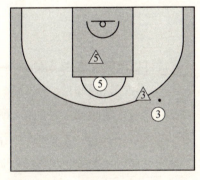

图 1-95

1. 策应配合

◆配合方法

当进攻开始时，3 号队员传球给策应的 5 号，然后可以选择向强侧端线区域移动，也可以选择向 5 号的身后外线弱侧区域的移动。一旦获得进攻空间，5 号队员及时把球传给 3 号，3 号可以中远距离投篮，也可以突破上篮（图 1-96）。当 3 号向端线外线方向移动接球时如果进攻受阻，则 5 号要及时向篮下切入，接 3 号的传球在篮下形成攻击（图 1-97）。

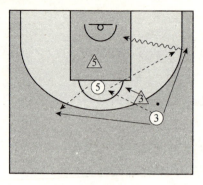

图 1-96

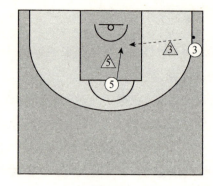

图 1-97

◆配合要点

（1）5 号队员要具备高位的策应能力，能够及时把球传给移动到位的 3 号，从而及时展开进攻。如果 3 号没有接球机会，则 5 号可以自己强攻篮下。

（2）3 号的移动要突然、多变，打乱防守人的注意力，接球后能够顺利完成进攻。一旦进攻受阻，要和 5 号及时进行再次配合。

2. 挡拆配合

◆配合方法

当进攻开始时，5 号队员可以选择在 3 号左侧做掩护（图 1-98），也可以选择在右侧做掩护（图 1-99）。当 5 号掩护时，3 号向掩护方向运球。5 号队员在 3 号运球离开掩护区后及时转身，随时接 3 号的传球形成攻击。如果 5 号的防守人没有协防 3 号，则 3 号可以选择直接上篮或中距离投篮。5 号要跟进抢篮板球，力争获得二次进攻的机会。当 5 号队员做掩护时，如果防守采取抢过的防守战术，3 号也可以选择向掩护方向的反向运球突破（图 1-100）。

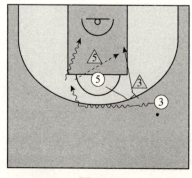

图 1-98

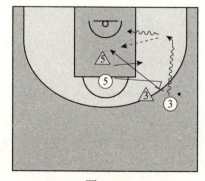

图 1-99

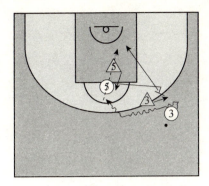

图 1-100

◆配合要点

（1）在挡拆时，3 号和 5 号二人之间要形成默契，3 号要先把其防守人带到掩护区，以便 5 号获得更好的掩护位置和空间。

（2）3 号要根据防守人防守时的行动选择运球突破的方向。

（3）当挡拆完成后，5 号队员要立即转身，并把 3 号的防守人卡在身后，及时向限制区位置移动接 3 号的传球投篮。

（4）3 号要根据 5 号的防守人移动的位置、防守意图，选择是自己上篮还是传球给向限制区移动的 5 号。

五、4 号位和 5 号位的进攻组合

（一）强侧落位

◆基本落位

这是两个内线同时在强侧落位的进攻阵型，4 号队员持球于弧顶，5 号队员在强侧低位落位（图 1-101）。这种落位阵型，一方面可以充分发挥内线低位的进攻优势；另一方面，也方便两人在强侧的配合。

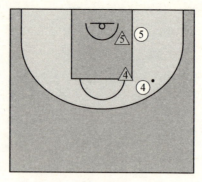

图 1-101

1. 低位强攻配合

◆配合方法

当进攻开始后，4 号队员在高位传球给低位的 5 号，然后向弱侧拉开。5 号在低位持球强攻篮下（图 1-102）。5 号可以选择从端线方向的进攻，也可以选择从上线进攻。一旦 5 号进攻受阻，4 号要及时移动到弱侧端线区域或罚球线区域接应 5 号的传球，进行再次攻击（图 1-103）。

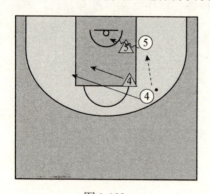

图 1-102

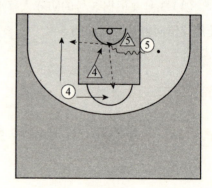

图 1-103

◆配合要点

（1）5 号队员在要位接球的时候，要通过身体对抗，把对手压向篮下，扩大进攻的空间，尽量接近篮筐。

（2）4 号队员要能够通过击地球或高吊球及时、准确地把球传给 5 号，以便 5 号抓住机会进行攻击。传球给 5 号后，4 号队员要向弱侧移动，给 5 号拉开进攻的空间，并带走防守队员减少协防。一旦 5 号进攻受阻，3 号队员要能够及时移动到位，接应 5 号的传球。如果 5 号形成投篮，则要能够及时冲抢前场篮板球。

2. 低位策应配合

◆配合方法

当进攻开始后，4 号队员传球给低位的 5 号，5 号背对篮持球，4 号传球后向三分线端线区域移动或向罚球线区域移动。当 4 号的防守人协防、包夹 5 号时，5 号要及时把球传给调整位置接应的 4 号队员，4 号接到球后可以中投，也可以突破进攻（图 1-104）。当 4 号投篮时，5 号要积极拼抢篮板球。

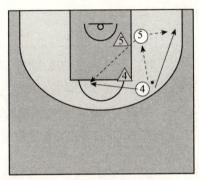

图 1-104

◆配合要点

（1）5 号接球的时候，可以适当地向外侧移动，并做出攻击状态，吸引 4 号队员防守人的注意力。

（2）4 号的移动要突然，随时准备接 5 号的传球，做好攻击的准备。4 号要根据自己的攻击能力，可以适当地调整移动的范围。如果具备中远距离投篮能力，可以更多地向外线移动，增加防守人移动的距离，从而获得更大的进攻空间。

（二）弱侧落位

◆基本落位

这是两个内线分别于强、弱侧落位的进攻阵型。4 号队员持球于一侧，5 号队员在弱侧的低位落位，形成强、弱侧落位的进攻阵型（图 1-105）。这种落位阵型可以更好地发挥内线队员的低位攻击能力。

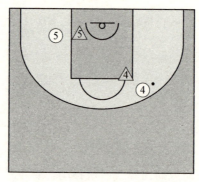

图 1-105

1. 内线横切配合

◆配合方法

4 号队员持球于弧顶的一侧，当开始发动进攻时，向弧顶区域运球吸引防守。5 号队员在 4 号运球的时候要突然横切，把防守人挤在身后，接 4 号的传球，在篮下强攻（图 1-106）。如果 4 号的防守人回撤协防，5 号可以及时把球传给向弱侧限制区顶角移动的 4 号（图 1-107），4 号根据防守的实际变化情况，或急停跳投，或向篮下突破进攻。

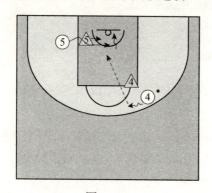

图 1-106

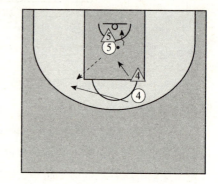

图 1-107

◆配合要点

（1）4 号要通过自己的运球吸引对方的防守。

（2）5 号的横切要及时，并要合理运用身体对抗，抢到篮下的进攻位置，位置越靠近篮下越好。

（3）当 5 号获得进攻位置时，4 号要能够及时把球传给他，以便其能够有充裕的进攻时间和空间完成进攻。当5号遇到包夹时，4号要及时移动到接应位置，接5号的传球进攻。

2. 持球强攻配合

◆配合方法

4号持球从右侧向篮下突破，可以选择自己强行上篮。当5号的防守人协防时，可以传球给向篮下移动或向限制区中部移动的5号（图1-108）。5号接球后，根据防守人的位置选择投篮或运球强攻篮下。

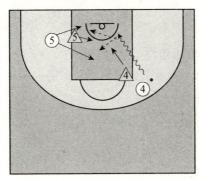

图 1-108

◆配合要点

（1）4号的突破质量是此战术的重要前提，一旦能够突破防守，那么这个进攻配合就会有良好的效果。

（2）当4号突破时，5号要根据防守人的移动，及时调整自己的位置，做好接球攻击的准备。

3. 运球掩护配合

◆配合方法

当进攻开始时，4号队员运用外侧手向限制区中路运球。通过运球，压缩防守人的位置。当4号向中路运球时，5号先向端线方向移动，然后快速向4号的身后高位区域移动，接4号的传球进攻（图1-109）。

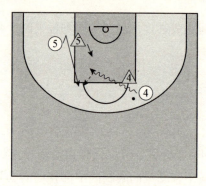

图 1-109

◆ 配合要点

（1）4 号的运球要有压迫性，把对方的防守区向内线压缩。4 号在传球前，用身体挡住 5 号的防守人，逼迫对方换防。一旦对方换防，4 号要及时卡位，把 5 号的防守人卡在身后。

（2）5 号要做出返跑，先拉开防守，再及时移动摆脱防守。5 号接球后能够根据防守的变化采取针对性的攻击方式。

（三）双外落位

◆ 基本落位

4 号和 5 号队员落位在限制区外，并分开到强、弱侧区域落位（图 1-110）。这是两个内线组合的拉空落位，当内线队员具备持球进攻能力时，可以考虑这种落位方法。在进攻的时候能够拉开空间，把对方的内线吸引到外线，从而发挥自己持球进攻的能力。

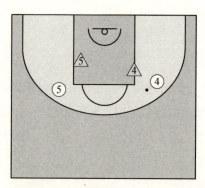

图 1-110

1. 持球突破进攻

◆配合方法

当进攻开始时，4号队员持球向端线突破，即从右侧（防守者的左侧）突破。当5号的防守人采取协防时，5号要及时横向移动，在罚球线附近接4号的分球（图1-111）。当5号接到球后，可以根据防守的变化采取针对性的攻击方式。如果防守队员没有及时弹出防守，则可以急停跳投；如果防守方采取换防，则可以考虑强攻。一旦5号向篮下突破，则4号要及时调整位置，随时接5号的击地传球。如果5号在罚球线区域投篮，则4号要积极拼抢篮板球，争取二次进攻的机会。

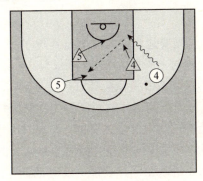

图 1-111

◆配合要点

当4号突破时，5号开始向弱侧移动，吸引自己的防守人。一旦防守人去协防时，要突然移动到罚球线区域。移动要有突然性，接球就要形成攻击机会。

2. 运球掩护配合

◆配合方法

这是二人之间通过运球掩护实施进攻的配合方法。4号向5号的方向横向用外侧手运球，并通过运球，向内压迫防守队员的位置。当4号向弱侧运球时，5号先向外线移动，创造出更大的配合空间。在4号运球到限制区顶角区域时，突然向其侧后方跑动，接他的传球（图1-112）。4号在运球结束的瞬间，要用身体挡住准备横向移动的5号的防守人，形成运球后的掩护配合。当5号接球后，可以根据防守的变化，采取合适的进攻方式。如果出现空位，可以采取跳投；如果对方换防，则要及时把球传给掩护转身向篮下移动的4号，由4号在篮下区域完成进攻。

图 1-112

◆配合要点

（1）4号在运球的时候要适当向内线压迫其防守人，在传球之前，用身体挡住5号的防守人，逼迫对方换防。在传球后，4号一定要转身卡住5号的防守人，并随时接5号的传球或者抢篮板球。

（2）5号队员在4号向弱侧运球的瞬间要先向外侧拉开，吸引其防守人的注意力，并为随后的掩护创造出配合的空间。5号向4号身后的移动要突然，在接球的瞬间，5号要做好攻击的准备。随时观察4号的位置，一旦看到4号已经卡住了防守人获得了进攻空间，要能够及时地把球传给他。

3. 传切进攻配合

◆配合方法

当进攻开始时，4号队员把球传给弱侧的5号，然后向篮下切入，再接5号的回传球进攻（图1-113）。当4号传球给5号后，如果防守人没有及时调整防守位置，4号可以从防守人和球之间切入；如果防守人及时协防，则4号可以从防守人身后切入。

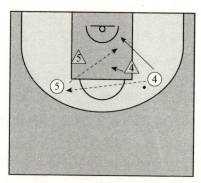

图 1-113

◆配合要点

（1）当二人之间形成了默契后，5号要向外线移动接球，拉开配合的空间。5号在接球后，形成三威胁姿势，吸引对方的防守。

（2）4号传球后，要观察防守人的位置调整情况，根据防守人的取位，选择切入的路线。

（3）当4号从防守人前面切入时，5号可以采取平传球的方式把球传给4号；如果4号是从背后切入，5号要考虑用反弹球或者是高吊球的传球方式，从而避开4号的防守人。

（4）无论4号队员是从防守人前面还是背后切入，一旦获得了空间，要及时就地要位。如果4号在防守人前面切入，就要利用身体对抗把防守人倚在身后，从而获得接球进攻的空间。如果4号是从背后切入，一旦获得有利的进攻位置，要用身体顶住防守人，以便获得篮下的进攻空间。

第二章　半场三对三

篮 球 半 场 斗 牛 实 战 技 巧

一、1、2、3号位的进攻组合

（一）弧顶三外线落位

◆ 基本落位

这是一个由三名外线队员组合的进攻阵容，这种弧顶外线落位阵型能够拉空内线，给持球队员的突破和无球队员的空切提供空间，也能给外线队员之间的配合提供方便。这种落位阵型主要以外线进攻为主，为外线创造出空位投篮、突破上篮的进攻机会。1号队员持球落位于弧顶，2、3号队员分别落位于两侧翼（图2-1）。

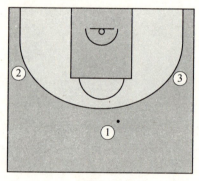

图2-1

1."8"字运球进攻配合

◆ 配合方法

这是一种以"8"字运球进攻的战术配合，通过运球给无球队员掩护创造出进攻机会。进攻开始时，1号队员向右侧3号队员运球，和他做运球掩护，然后向侧翼外线拉开。当3号接到球后，向弱侧的2号队员运球，和他做运球掩护，然后拉开到侧翼（图2-2）。2号队员持球后，从中路突破，可以自己上篮，也可以分球给移动到弱侧零度角区域的1号队员。1号接球后可以远投，也可以突破上篮（图2-3）。一旦1号队员投篮，2号和3号则要积极地冲抢前场篮板球。

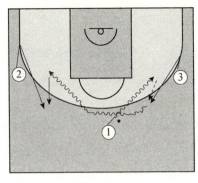

图 2-2

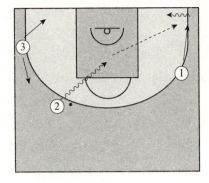

图 2-3

◆配合要点

（1）在进行"8"字运球时，三个进攻队员之间要拉开空间，并要顺利地完成运球掩护和传球。队员在传球后，要根据防守队员的防守情况选择移动的路线。如果防守方采取换防，则被掩护的进攻队员可以向限制区移动，在内线接球进攻。如果对方采取挤过，则被掩护的进攻队员可以向外线拉开。

（2）在运球掩护的过程中，一旦发现对方防守漏洞，要及时向篮下运球突破。

2. 突分进攻配合

◆配合方法

这是一种以突破分球为主的进攻战术配合，通过连续的突破分球创造出进攻机会，或直接突破上篮，或进行中远距离的外线投篮。进攻开始时，1 号队员先从左侧突破，分球给返跑后向弧顶接应的 2 号队员（图 2-4）。2 号再从右侧向中路突破，分球给返跑后到侧翼的 3 号队员。3 号队员如果有机会投篮，则可以果断地在外线投篮。如果对方防守跟上，则进攻队员需要再次向内线突破，或自己上篮，或分球给移动到弱侧零度角的 1 号队员，由 1 号完成进攻（图 2-5）。

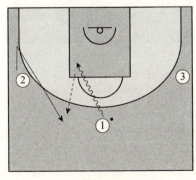

图 2-4

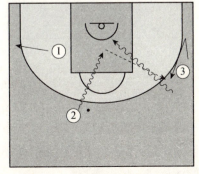

图 2-5

◆配合要点

（1）在前面两次突破的过程中，以分球为主，在突破时要能够准确地找到接应的队员，保持进攻的流畅性。队员在接球时一定要保持"三威胁"的攻击姿势，给防守方制造压力，吸引防守的注意力。

（2）在第三次突破时，要观察对方的防守变化，一旦对方防守阵型紊乱，则要果断地向篮筐发起进攻。如果再次遇到协防、补防，则进攻队员可以及时向弱侧分球，外线队员接球后，要果断投篮。

3. 弱侧无球掩护进攻配合

◆配合方法

这是一种以无球掩护为主的进攻配合方法，通过连续的无球掩护创造出空位投篮或上篮的机会。进攻开始时，1 号队员传球给侧翼的 2 号，然后向弱侧移动，给 3 号做无球掩护。3 号队员利用 1 号的掩护移动到弧顶，接 2 号的传球（图 2-6）。3 号队员再把球传给移动到侧翼的 1 号队员，然后，再给弱侧的 2 号做无球掩护。2 号向弧顶移动，3 号掩护后则转身向限制区移动。1 号队员可以把球传给弧顶的 2 号，也可以把球传给限制区的 3 号，由他们完成进攻（图 2-7）。

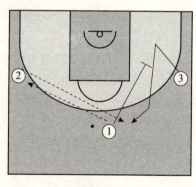

图 2-6

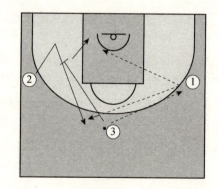

图 2-7

◆配合要点

（1）在无球掩护的时候，被掩护人要把防守队员带到掩护区，以提高掩护的质量。掩护队员在掩护完成后，要先向内转，一旦对方防守错位，则可以向限制区移动，接球进攻。

（2）队员在接球时，要保持"三威胁"的攻击姿势，一旦对方防守注意力不集中，可以采取突破进攻打乱对方的防守。持球队员要把传球和突破结合起来。

4. 持球挡拆进攻配合

◆配合方法

这是一种以持球挡拆为主的进攻战术配合，通过外线队员的挡拆，结合运球突破创造出进攻的机会。当进攻开始后，1号队员传球给侧翼的3号（图2-8），然后去给3号做有球掩护，3号队员利用1号的掩护，向左侧运球后，从中路突破。在突破的过程中，根据防守情况，可以选择自己上篮，也可以传球给移动到弱侧零度角的2号，还可以传球给掩护转身的1号队员（图2-9）。

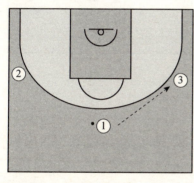
图2-8

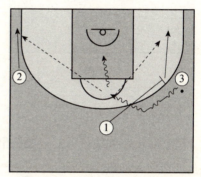
图2-9

◆配合要点

（1）由于是外线队员之间的挡拆，在掩护结束后，掩护的队员可以向内线移动，也可以向外线拉开。当防守向内线收缩时，可以传球给弹出的外线队员，由他完成进攻。

（2）当3号队员向左侧运球，并由中路突破时，2号队员要及时地拉开，向零度角移动，拉开防区，做好接球远投的准备。

5. 传切进攻配合

◆配合方法

这是一种以传切战术为主的进攻配合，通过连续的传球、切入，创造出上篮或外线投篮的机会。当进攻开始时，1 号传球给侧翼的 2 号，从防守队员的身前或身后切向限制区（图 2-10）。如果能够接到 2 号的传球，则 1 号可以直接完成进攻。如果不能接球，则 1 号向强侧的零度角区域移动。当 1 号切入的时候，3 号从侧翼向弧顶移动。如果防守收缩，2 号传球给 3 号队员，则 3 号可以获得投篮机会。如果 3 号不能完成投篮，则 2 号从侧翼切向限制区，接 3 号的传球进攻（图 2-11）。

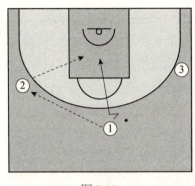 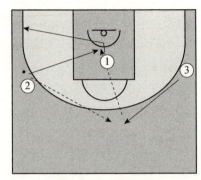

图 2-10   图 2-11

◆配合要点

（1）队员在外线接球后，要做出攻击姿势，吸引对方的防守，给无球切入队员创造切入的机会。

（2）队员在切入的时候，要观察防守队员的位置，选择身前还是身后切入。在移动的过程中，进攻队员一旦获得有利位置，可以就地卡位，把防守队员顶住，接外线的传球形成攻击。

（二）双后卫落位

◆基本落位

这是一个以外线攻击为主的阵容组合，两个后卫落位于弧顶、前锋落位于弱侧的进攻阵型。1 号队员持球于弧顶的左侧，2 号队员落位于弧顶的右侧，3 号队员落位于弱侧的零度角区域（图 2-12）。这种落位阵型能够拉开内线空间，充分发挥两后卫的攻击能力，也能够让两后卫之间进行良好的配合，同时还能给小前锋 3 号队员充分的活动空间，发挥其移动进攻的能力。

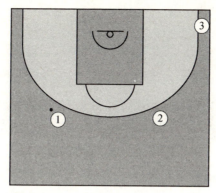

图 2-12

1. 突分进攻战术

◆配合方法

这是一个以突破分球为主的进攻战术配合，通过外线队员的连续突破，压缩对方的防守，打乱防守阵型。再分球给接应的同伴，创造投篮的机会。当进攻开始时，1 号队员从左侧突破，2 号队员沿三分线移动到 1 号队员的后方接应，3 号队员向底线移动或向弱侧侧翼移动，做好接应的准备。1 号队员在遇到补防后，可以把球分给 2 号或 3 号队员（图 2-13）。2 号队员接到 1 号的分球后，再次从右侧突破，可以自己上篮，也可以分球给移动到零度角的 3 号，还可以分球给从身后包抄的 1 号队员，由他们完成投篮（图 2-14）。

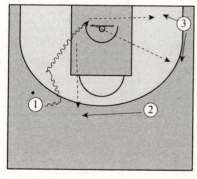

图 2-13

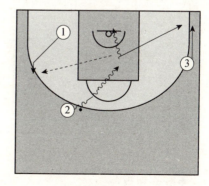

图 2-14

◆配合要点

（1）当一名队员突破时，其他两名队员要积极移动，不断调整位置，做好接应的准备。可以选择在三分线区域移动，也要能够随时向内线切入，接同伴的传球在内线形成攻击。

（2）突破分球以后，要及时地向外线移动，拉开进攻空间，为同伴的下一次突破创造条件。

2. 弱侧无球掩护配合

◆配合方法

这是一个以弱侧无球掩护进攻为主的战术配合，通过多次的弱侧无球掩护，在内外线都能够创造出进攻的机会。当进攻开始时，1号队员持球于弧顶左侧，2号队员去给弱侧的3号队员做无球掩护，3号上提到弧顶，2号队员在掩护后向内线切入（图2-15）。1号队员可以选择传球给外线的3号，也可以选择传给转身内切的2号。如果有空位机会，他们可以完成进攻。如果没有机会，1号队员传球给弧顶侧翼的3号后，去给2号队员做掩护，2号上提到弱侧的弧顶，1号掩护后及时向篮下转身切入。3号队员可以传球给外线的2号，或者传给篮下的1号，由他们完成进攻（图2-16）。

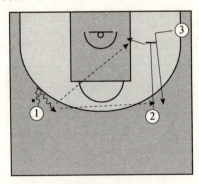 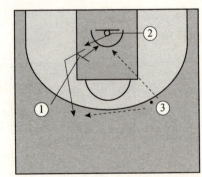

图2-15　　　　　　　　　　图2-16

◆配合要点

（1）在进行无球掩护时，被掩护人要先把防守人带入到掩护区，给同伴的掩护创造条件。如果对方挤过防守，则可以返跑，向篮下移动，打乱对方的防守。

（2）外线队员传球时，要能够看到两个点，先内后外。一旦掩护队员向内线转身切入，获得进攻机会时，要能够第一时间把球传给他。外线队员在接球后，如果是空位机会，则要果断投篮。如果防守队员跟上防守，则可以采取突破进攻。

（3）当同伴投篮时，其他两名队友一定要积极拼抢篮板球，争取二次进攻的机会。

3. 强侧低位策应进攻配合

◆配合方法

这是一个以外线队员移动到低位位置，以策应为主的进攻战术配合。在进攻中，外线队员移动到低位做策应传球，给其他外线队员创造进攻机会。当进攻开始时，1 号队员和 2 号队员在弧顶做强力运球掩护后的传球（图 2-17）。2 号队员接球后再向左侧翼运球。同时，3 号队员从端线区域向强侧移动，在低中锋外侧的区域接 2 号传球。当 3 号接到球后，弱侧侧翼的 1 号队员突然向内切入，接 3 号的传球上篮（图 2-18）。

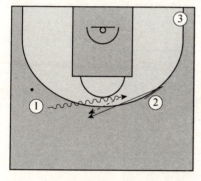
图 2-17

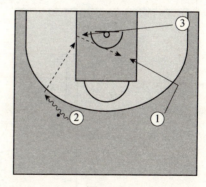
图 2-18

◆配合要点

（1）当 1 号和 2 号队员在弧顶做运球掩护时，如果对方防守失去位置，则1 号或 2 号可以直接向篮下突破，形成攻击。

（2）3 号队员向强侧的移动要和 2 号队员的运球同时进行，并且尽量在低位区域接球，压缩对方的防守。在 3 号接球后，要做出攻击动作吸引对方的防守，为外线同伴的切入创造空间。如果对方没有在低位协防，则 3 号可以在篮下强攻。

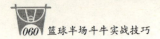

4. 传切进攻配合

◆配合方法

这是一个以传切战术为主的进攻配合，通过连续的传球切入，创造出外线的投篮和内线的上篮机会。当进攻开始时，1 号队员传球给 2 号，2 号队员再传球给上提接应的 3 号队员（图 2-19）。然后 2 号队员向内线切入，3 号把球传给切入的 2 号（图 2-20）。如果没有机会，则 3 号可以把球传给移动到弧顶的 1 号。3 号传球后再次切入，接 1 号的传球上篮（图 2-21）。

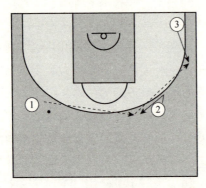
图 2-19

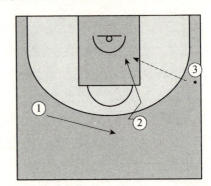
图 2-20

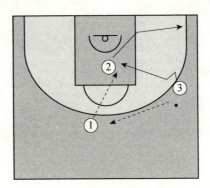
图 2-21

◆配合要点

（1）在进行进攻配合时，三名队员要保持一定的距离，拉开防守，为随后的切入创造空间。

（2）在进攻队员切入后，如果没有机会接球，则要及时移动到弱侧的外线，尽可能把自己的防守人带走，为队友的连续切入创造条件。

（3）外线持球队员要时刻保持攻击的状态，一旦对方防守松懈，则可以选择突破进攻，把传球和突破结合起来。

（三）强侧落位

◆基本落位

这是一种以外线进攻为主的进攻落位阵型，1号队员持球于弧顶一侧，2号队员落位于弧顶另一侧，3号队员在强侧零度角区域落位（图 2-22）。小前锋3号在强侧落位，能够和后卫之间形成更多的进攻配合，充分发挥其攻击的能力。三名外线队员同时落位在三分线外，将内线拉开，为突破和切入创造更多的空间。

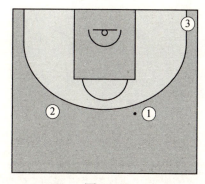

图 2-22

1. 传切进攻配合

◆配合方法

这是一个以传切战术为主的进攻配合，通过连续的传切，创造出投篮的机会。当进攻开始时，1号队员传球给3号队员，然后向内线切入，接3号的传球上篮（图 2-23）。如果没有传切配合的机会，则3号队员向弧顶区域运球，再传球给弱侧的2号，然后沿中路切入。2号可以把球传给切入的3号，由他完成进攻（图 2-24）。如果没有机会，则2号可以采取突破的进攻方式，当遇到防守队员协防时，把球分给弱侧零度角的1号队员，1号可以选择远投，也可以根据防守情况选择再次突破上篮（图 2-25）。

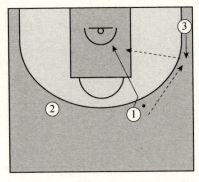

图 2-23   图 2-24

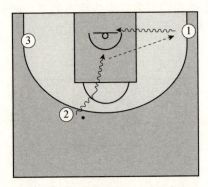

图 2-25

◆配合要点

（1）外线队员在接球的时候，要保持"三威胁"姿势，吸引防守的注意力。如果对方防守松懈，可以突破或投篮。

（2）在进攻队员切入的时候，要用假动作迷惑对方的防守，为随后的切入创造更多的空间。

（3）在连续切入后，如果还没有获得较好的进攻机会，则要利用突破压缩对方的防守，或者直接攻击篮筐，或者及时分球给外线的队友，再由他们完成进攻。

2. 突分进攻配合

◆配合方法

这是一个以突破分球为主的进攻战术配合，通过连续的突破分球，破坏对方的防守阵型，创造较好的进攻机会。当进攻开始时，1 号队员先从左侧向内线突破，分球给向侧翼移动的 2 号（图 2-26），2 号队员再从右侧向中路突破，分球给侧翼的 3 号（图 2-27）。如果获得空位机会，则 3 号可以进行三分投篮。如果 3 号没有机会投篮，则可以再次沿底线突破上篮（图 2-28）。

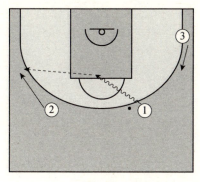

图 2-26

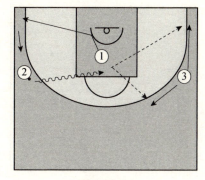

图 2-27

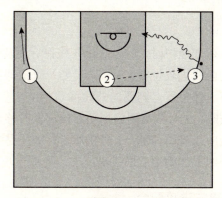

图 2-28

◆配合要点

（1）前面的两次突破都是为了给最后 3 号队员的投篮、突破创造条件。通过前面 1 号和 2 号的连续突破，打乱对方的防守，吸引 3 号队员防守人的注意力，并尽可能地逼迫对方换防。

（2）1 号和 2 号突破分球后，要及时移动到外线，带走各自的防守人，为 3 号的进攻创造空间。

3. 强力运球掩护—突分进攻配合

◆配合方法

这是一个以强侧运球掩护与突破分球结合的进攻配合。先通过运球掩护，再突破分球创造进攻的机会。当进攻开始时，1 号队员运球给 3 号做掩护，并传球给移动到侧翼的 3 号（图 2-29），当 3 号接球后，从上线向中路突破，再分球给移动到弱侧的 2 号（图 2-30）。由 2 号完成进攻，他可以选择在外线投篮，也可以再次突破上篮。

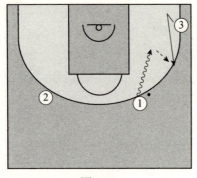
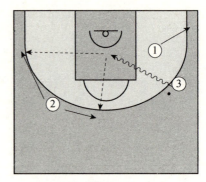

图 2-29　　　　　　　　　　　　图 2-30

◆配合要点

（1）在强侧进行运球掩护时，1 号队员在掩护后要及时转身卡位。如果 1 号队员获得了较好的内线进攻位置，3 号队员要及时把球传给 1 号，由他完成进攻。如果 1 号没有卡住位置，则要向外线移动，拉开空间。

（2）当 3 号突破时，2 号队员要根据防守情况及时移动到弱侧位置，或者移动到弧顶位置，接应 3 号的传球。2 号接球后，如果是空位机会，则要果断投篮；如果对方防守跟上，则要立即突破上篮，完成进攻。

4. 溜底—无球掩护进攻配合

◆配合方法

这是一个由小前锋溜底线和弱侧高位无球掩护组合的进攻战术配合。当进攻开始时，1 号队员向右侧运球，3 号队员从底线溜走。如果防守失位，则 1 号队员要及时把球传给 3 号，由他直接完成进攻（图 2-31）。如果没有机会，则 2 号队员向限制区移动，在罚球线区域给 3 做无球掩护。1 号队员可以把球传给利用掩护移动到弧顶的 3 号，也可以把球传给掩护后向篮下转身的 2 号，由他们完成进攻（图 2-32）。

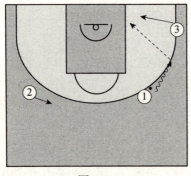
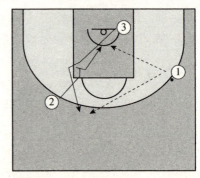

图 2-31　　　　　　　　　　　　图 2-32

◆配合要点

（1）当 1 号向右侧运球时，要观察 3 号溜底时防守队员的位置。一旦对方失位，则要及时把球传给 3 号，由他完成篮下的进攻。

（2）在高位掩护时，2 号和 3 号二人之间要形成默契。3 号队员要先把防守人带到掩护区，然后再突然启动，向弧顶方向移动。3 号在外线接球时，要做好接球就投篮的准备。

（3）当掩护完成后，2 号要通过与防守队员的身体对抗，卡住位置，同时向球的方向移动。在限制区位置接球进攻，一旦进攻队员接到球，则要果断强攻篮下。

（四）双底角落位

◆基本落位

这是一个以外线进攻为主的阵容组合，三名外线队员拉开落位，拉空内线，为外线的突破和空切创造条件。1 号队员持球于弧顶，2 号和 3 号队员分别在两个零度角落位（图 2-33）。

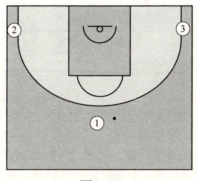

图 2-33

1. 突分进攻配合

◆配合方法

这是一个以突破分球战术为主的进攻配合，外线队员连续地持球突破，打乱对方的防守，为外线的中远距离投篮和快速切入篮下创造条件。进攻开始时，1 号队员从弧顶右侧开始突破，遇阻后分球给接应的 3 号队员（图 2-34），3 号再从中路突破，遇阻后分球给移动到弧顶的 2 号，也可以分球给移动到零度角的 1 号队员（图 2-35）。当 2 号队员接球时，可以继续采取突破上篮的进攻方式（图 2-36）。

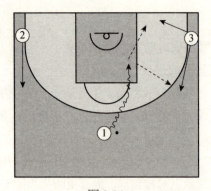

图 2-34   图 2-35

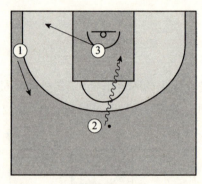

图 2-36

◆配合要点

（1）当一名队员突破的时候，其他两名队员一定要积极移动，主动接应突破后的分球，不要站在原地不动。

（2）把突破分球和上篮结合在一起，一旦对方防守松懈，可以直接上篮。

（3）进攻队员突破分球后，要及时向外线移动，拉开内线，为后面队员的突破创造条件。

2. 传切进攻配合

◆配合方法

这是一个以传切为主的进攻配合，通过连续传球后的切入创造出进攻机会。当进攻开始时，1 号队员先向右侧运球，然后传球给上提接应的 3 号。1号传球后向内线切入，接 3 号的传球上篮（图 2-37）。如果 1 号队员没有进攻机会，3 号传球给移动到弧顶的 2 号队员，然后横切接 2 号的传球进攻（图 2-38）。如果没有机会，2 号队员可以选择突破上篮。

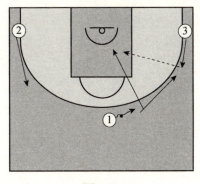
图 2-37

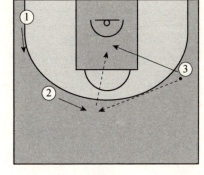
图 2-38

◆配合要点

（1）队员在接球时要做出攻击性动作，吸引对方的防守。如果防守松懈，可以直接选择突破上篮或中远距离投篮。

（2）在切入的时候，进攻队员要主动加强身体对抗，通过身体的挤压、顶靠创造切入的空间和路线，在切入的时候积极向同伴要球，一旦接到球就要果断攻击。

（3）当同伴切入时，无球队员要积极移动到接应位置，为下一次传球做好准备。

3. 底线交叉掩护进攻配合

◆配合方法

这是一个以无球队员在底线做交叉掩护创造进攻机会的战术配合。当进攻开始时，1 号队员在弧顶持球，2 号和 3 号同时沿底线移动。2 号给 3 号做掩护，3 号队员利用 2 号的掩护移动到侧翼，接 1 号的传球，可以选择投篮或突破上篮（图 2-39）。如果没有机会，1 号传球给 3 号后，移动到限制区给 2 号做掩护。2 号上提到弧顶，接 3 号的传球投篮。3 号也可以直接传球给掩护后转身接球的 1 号，由 1 号在篮下完成进攻（图 2-40）。

◆配合要点

（1）在底线做无球掩护的时候，3 号要把防守人带入掩护区域，先慢再快，变速移动，利用突然加速的方式摆脱防守。如果对方换防，则 2 号队员要立即卡位要球，1 号队员要能够及时把球传给 2 号，由 2 号在篮下完成进攻。

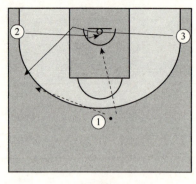
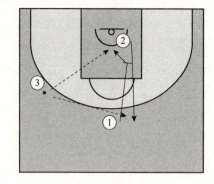

图 2-39　　　　　　　　　　　图 2-40

（2）3 号队员在接球后要观察防守的情况，如果摆脱了防守，可以直接投篮。如果防守跟上，则要等待 1 号给 2 号的掩护出现的进攻机会，及时传球，由他们完成进攻。

（3）一旦 2 号在弧顶接球后，如果没有投篮机会，则要通过突破完成进攻。

4. 弱侧无球掩护进攻配合

◆配合方法

这是一个以弱侧无球掩护为主的进攻战术配合，通过连续的弱侧无球掩护，创造出进攻机会。当进攻开始时，1 号队员先向右侧运球，传球给上提接应的 3 号，然后去给弱侧的 2 做无球掩护。2 利用 1 的掩护，移动到弧顶。3 号可以传球给 2 号，也可以传给掩护后转身的 1 号（图 2-41）。如果 2 号队员接球，再传球给拉到侧翼的 1 号，然后去给弱侧的 3 号做掩护。3 号移动到弧顶，2 号转身下顺。1 号可以传球给弧顶的 3 号，也可以传给向内线转身下顺的 2 号，由他们完成进攻（图 2-42）。

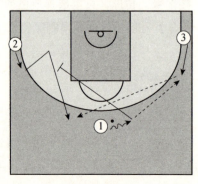
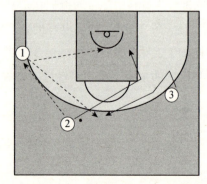

图 2-41　　　　　　　　　　　图 2-42

◆配合要点

（1）做无球掩护时，被掩护人要把防守人带到掩护区域，并采取突然启动的移动方式，摆脱防守，在接球后能够立刻做出投篮动作。掩护人在完成掩护后要及时转身卡位，如果对方换防，则要把对手顶在身后，然后向篮下移动接球进攻。

（2）当同伴做无球掩护时，持球人要做好传球的准备。一旦同伴获得空间，能够第一时间把球传出，让同伴能够及时地完成进攻。如果防守人把注意力放在了协防上，则可以选择突破上篮。

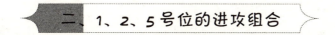

二、1、2、5号位的进攻组合

（一）内线强侧落位

◆基本落位

这是一个内外线结合的组合阵容，内线队员在强侧落位，能够充分地把内外线联系起来。可以由内线完成低位进攻，也可以让内线通过策应、挡拆完成进攻。1号队员持球于弧顶的一侧，2号队员落位于弧顶的另一侧，5号队员在低中锋位置落位（图2-43）。

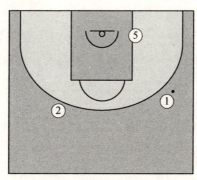

图2-43

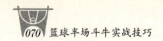
1. 低位强攻进攻配合

◆配合方法

这是一个由内线队员在低位进攻的战术配合。外线队员传球给低位的中锋，然后拉开，把防守队员带走，中锋在篮下强攻。当进攻开始时，1号队员传球给低位的5号（图2-44），然后切入，如果不能接到5号的回传球，则移动到弱侧的零度角区域。2号队员向弧顶中路移动，做好接应的准备。当1号队员拉开后，如果没有包夹，5号队员开始在篮下强攻（图2-45）。

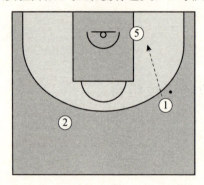
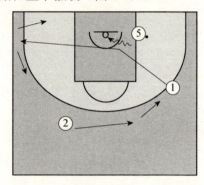

图 2-44   图 2-45

◆配合要点

（1）在进攻开始时，5号队员要利用身体对抗，在篮下获得有利位置。1号队员要及时把球通过反弹或高吊球传给5号队员。

（2）在1号队员切入时，如果防守队员没有跟上，则5号队员可以把球传给1号队员，由他直接完成进攻。

（3）当5号在低位强攻时，外线的1号和2号队员要积极调整位置，做好接应的准备。如果防守失位，则可以向内线切入，接球进攻。一旦5号投篮，则要积极冲抢篮板球，争取二次进攻的机会。

2. 挡拆进攻配合

◆配合方法

这是一个以内线和外线之间通过有球挡拆完成进攻的战术配合。当进攻开始时，5号队员上提给1号做掩护，1号向左侧运球突破防守（图2-46）。他可以根据防守情况，可以自己运球上篮、急停跳投，也可以把球传给掩护后转身下顺的5号，还可以把球传给向零度角移动的2号队员。如果5号队员从右侧掩护，则 1 号可以向右侧运球（图 2-47）。在 5 号下顺时，2 号队员要向弧顶移动，做好接球投三分的准备（图 2-48）。

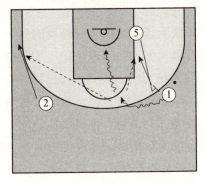

图 2-46

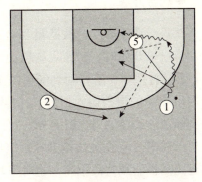

图 2-47

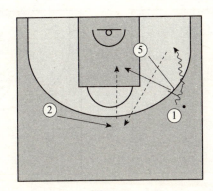

图 2-48

◆配合要点

（1）在进行挡拆配合时，1 号队员要根据防守情况选择突破的方向，不要固定地向一个方向运球移动。5 号在完成掩护后，要根据自己的投篮能力和防守的情况选择移动路线。如果 5 号队员具备中远距离投篮能力，则可以考虑多向外线移动，在三分线区域接球进攻。如果对方换防，则 5 号队员要积极向篮下移动，进行错位进攻。

（2）在挡拆时，1 号队员要观察对方防守战术变化情况，能够及时把球分出，或突破上篮，不要过多地黏球在手。

（3）2 号队员接球后，要能够做到接球就投。如果防守跟上，或 5 号在内线获得了空位，则可以及时把球传给 5 号，由他在内线完成进攻。

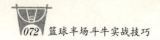

3. 后掩护进攻配合

◆配合方法

这是一个中锋（内线队员）给外线队员做无球后掩护完成进攻的战术配合。当进攻开始时，1 号队员和 2 号队员在弧顶做一次运球掩护后的传球换位，2 号再把球传给移动到侧翼的 1 号（图 2-49）。5 号给 2 号做后掩护，2 号利用 5 号的掩护切入到篮下。1 号可以传球给篮下的 2 号，也可以传给移动到弧顶外线的 5 号（图 2-50）。如果 2 号在篮下接到球，则可以在篮下完成进攻。如果 5 号在外线接到球，可以根据自己的攻击能力选择进攻方法，如中远距离投篮或突破上篮，也可以把球及时转移给篮下的 2 号队员，由他完成进攻（图 2-51）。

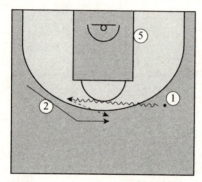

图 2-49

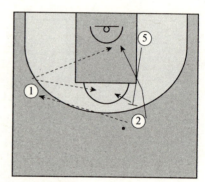

图 2-50

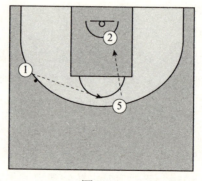

图 2-51

◆配合要点

（1）1 号和 2 号队员在弧顶做强力交叉运球时，如果对方防守混乱，则可以选择直接突破上篮。

（2）当 5 号给 2 号做后掩护时，如果对方换防，则 5 号可以把 2 号的防守人顶在外线，直接下顺接球进攻。

4. 中锋低位策应进攻配合

◆配合方法

这是一个利用中锋队员在低位做策应的进攻战术配合。当进攻开始时，1 号传球给 5 号，然后去给弱侧的 2 号做掩护（图 2-52），2 号利用 1 号的掩护横向移动到强侧侧翼，5 号可以选择传球给 2 号投篮，也可以把球传给掩护后转身的 1 号，由 1 号完成进攻（图 2-53）。在无球掩护时，当 2 号队员向弧顶区域移动时，如果对方在上线卡位，则 2 号队员可以突然改变前进方向向限制区移动，在篮下接 5 号的传球投篮。当 2 号向限制区移动时，1 号队员要向弧顶区域移动，拉开空间，做好接应的准备（图 2-54）。

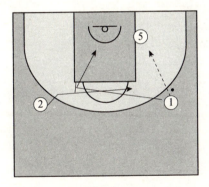

图 2-52

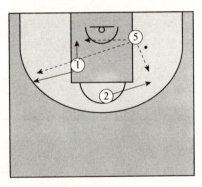

图 2-53

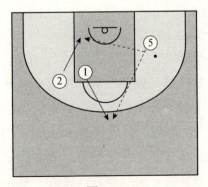

图 2-54

◆配合要点

（1）5 号队员在接球时，可以适当向外线移动，把防守队员带出来，拉空内线区域，为 1 号队员在篮下的进攻做好准备。

（2）在掩护完成后，1 号和 2 号的移动要默契。当 2 号向强侧横移时，1 号向篮下移动；当 2 号向端线方向移动时，1 号可以选择向弧顶方向移动。

（二）内线弱侧落位

◆基本落位

这是一个内外线结合的组合阵容，内线队员在弱侧落位。这种进攻阵型，既可以发挥中锋在内线的攻击能力，也可以发挥外线队员的突破能力。1 号队员持球落位于弧顶的一侧，2 号队员在弧顶的另一侧，5 号在弱侧的低位落位（图 2-55）。

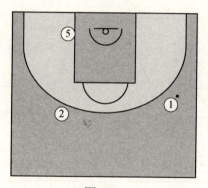

图 2-55

1. 低位强攻进攻配合

◆配合方法

这是一个由内线队员在低位强攻的进攻战术配合。弱侧中锋通过掩护移动到强侧，接外线的传球在低位强攻。当进攻开始时，1 号队员传球给移动到弧顶接应的 2 号，然后去给弱侧的 5 号做掩护（图 2-56）。5 号队员利用 1 号的掩护移动到强侧的低中锋位置。在 1 号去给 5 号做掩护时，2 号向右侧侧翼运球，并及时传给移动到低位的 5 号。5 号接球后在篮下进行强攻（图 2-57）。

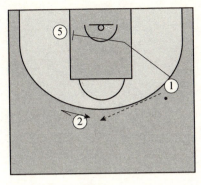

图 2-56

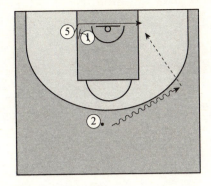

图 2-57

◆配合要点

（1）当 1 号掩护时，5 号要先把防守人带入掩护区。如果想走端线，则可以先向上线移动。如果想横切，则可以先向端线方向移动。

（2）1 号在完成掩护后要先向球的方向转身，如果有机会接球，则可以直接完成进攻。

（3）当 2 号队员传球给 5 号后，要移动到弧顶区域，带开防守，给 5 号创造进攻空间。

2. 后掩护进攻配合

◆配合方法

这是一个内线队员给外线队员做后掩护的进攻战术配合，内线队员去高位给外线做掩护，拉空内线，通过外线向内线的切入完成进攻。当进攻开始时，1 号队员持球于弧顶一侧，5 号队员上提给弧顶的 2 号做后掩护。2 号利用 5 号的掩护向限制区移动，接 1 号的传球投篮（图 2-58）。如果没有机会，1 号可以把球传给弹出来的 5 号，2 号给 1 号做后掩护。5 号可以把球传给切入的 1 号，也可以把球传给弹出来的 2 号，由他们完成进攻（图 2-59）。

◆配合要点

（1）两次掩护的位置都要在罚球线以上，这样可以尽可能地拉空内线，为切入到内线的队员创造进攻的机会。

（2）在掩护时，外线队员要根据防守队员移动的位置选择切入的路线，可以从近球侧切入，也可以从远球侧切入。在切入的过程中，随时做好接球准备。

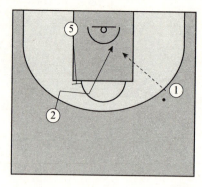

图 2-58

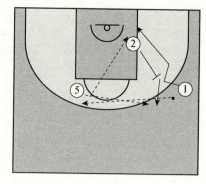

图 2-59

3. 突分配合

◆配合方法

　　这是一个以突破分球为主的进攻战术配合。通过外线的突破，给内线和外线创造进攻的机会。当进攻开始时，1 号和 2 号队员在弧顶做一个运球掩护，然后传球给 2 号队员（图 2-60）。2 号向右侧运球，5 号上提给 1 号做掩护，1 号移动到弱侧零度角区域。此时，2 号队员一个人持球在一侧，他通过运球向内线突破。可以分球给罚球线区域的 5 号，也可以分球给零度角区域的 1 号，由他们完成进攻（图 2-61）。

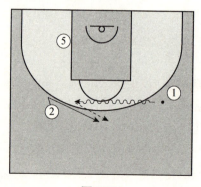

图 2-60

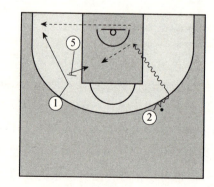

图 2-61

◆配合要点

　　（1）2 号队员在接球后，先不要急于向内线突破，而是向侧翼运球调整位置，等待 5 号队员向上线移动，拉开内线的空间。

　　（2）在 2 号队员突破时，5 号和 1 号队员要根据他突破的方向调整自己的位置，积极主动地做好接应的准备。

4. 罚球线策应进攻配合

◆配合方法

这是一个内线队员到罚球线区域做策应的进攻战术配合。当进攻开始时，1 号队员持球在弧顶一侧，内线队员 5 号上提到罚球线区域，1 号传球给 5 号（图 2-62）。5 号接球后，2 号突然向篮下切入，5 号可以把球传给 2 号，由 2 号完成进攻。1 号传球后，可以向零度角区域移动，接 5 的传球投篮，也可以向 5 号的身后弧顶区域移动，做好接应的准备（图 2-63）。

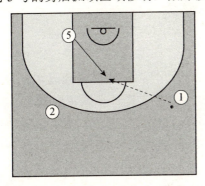
图 2-62

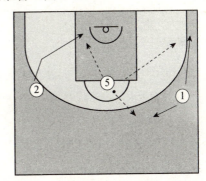
图 2-63

◆配合要点

（1）5 号队员接球后要能够及时转身面对篮筐。如果有机会，可以直接做中距离投篮，或者突破上篮。

（2）在 5 号接球后，2 号的切入要及时，先向弱侧外线移动，再突然切向内线。

（3）如果 2 号切入，则 1 号可以选择向弧顶移动。接球后，可以和 5 号在高位做挡拆配合。

（三）外线强侧落位

◆基本落位

这是一个外线队员落位于一侧、内线队员于弱侧落位的进攻落位阵型。1 号队员持球于弧顶一侧，2 号队员在强侧外线落位，5 号队员于弱侧低位落位（图 2-64）。

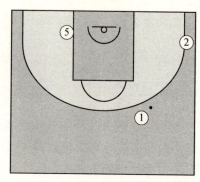

图 2-64

1. 高位挡拆进攻配合

◆配合方法

这是一个内线队员到高位和外线队员通过挡拆完成的进攻战术配合。当进攻开始时，1 号队员先弧顶运球，5 号队员上提，在弧顶区域和 1 号队员进行挡拆。1 号向左侧运球突破，可以自己完成进攻，也可以传给掩护后向限制区移动的 5 号，也可以传给移动到弧顶区域的 2 号，由 2 号投三分（图 2-65）。

当 2 号持球后，5 号再给 2 号做掩护，通过二人之间的掩护展开进攻。5 号从右侧给 2 号做掩护，2 号向端线方向运球，可以传给掩护后转身向限制区移动的 5 号，也可以传给包抄到弧顶区域接应的 1 号，由他们完成进攻（图 2-66）。

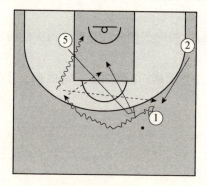

图 2-65

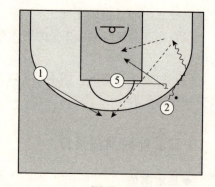

图 2-66

◆配合要点

（1）1号队员要通过自己的运球把防守人带入到掩护区。5号队员在掩护后，要根据自己的投篮能力、防守的变化情况选择移动路线。如果5号具备中远距离投篮，则可以留在外线区域等待机会接球进攻。

（2）在1号和5号做有球挡拆时，2号队员要观察5号的走位情况及防守人的协防情况。如果5号留在高位外线，则2号可以向篮下切入。如果5号向限制区下顺，则2号要从弧顶包抄接应。

2. 强力运球—突分进攻配合

◆配合方法

这是一个以交叉运球掩护和突破分球相结合的进攻战术配合。当进攻开始时，1号和2号队员在强侧做交叉运球掩护（图2-67），2号接到球后，从上线向中路突破，分球给向篮下移动或向罚球区顶角移动的5号，由5号完成进攻（图2-68）。

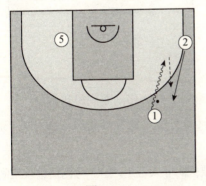

图 2-67

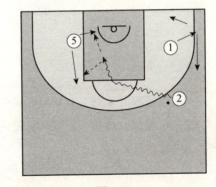

图 2-68

◆配合要点

（1）在交叉运球掩护时，如果防守出现空当，可以直接运球突破。

（2）在2号持球时，5号要先向外移动，把防守人带出来。当2号开始突破时，要观察防守人协防的情况，选择移动的路线。

（3）在2号突破时，1号队员要沿着三分线移动，在拉开防守的同时，积极做好接应的准备。

3. 低位强攻配合

◆配合方法

这是一个内线队员在低位强攻的战术配合。当进攻开始时，1 号向侧翼运球，2 号去给弱侧的 5 号做无球掩护，5 号利用 2 号的掩护，移动到强侧低位接 1 号的传球在低位强攻（图 2-69）。在 5 号接球后，1 号采取切入的方式移动到弱侧区域，在切入的过程中，随时接 5 号的传球投篮。2 号向弧顶区域移动拉开防守空间，做好接应准备（图 2-70）。

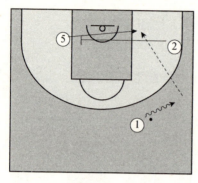
图 2-69

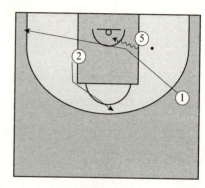
图 2-70

◆配合要点

（1）当进攻开始时，1 号向侧翼的运球和 2 号的移动要同时进行。

（2）在掩护完成后，2 号队员要向球转身。如果能够接到球，则可以在篮下完成进攻。

（3）在传球给低位的 5 号后，1 号队员要把防守人带走，给 5 号创造进攻空间。

4. 后掩护进攻配合

◆配合方法

这是一个利用内线队员的后掩护展开的进攻战术配合。当进攻开始时，1 号队员把球传给上提到 45°区域的 2 号，然后向弱侧移动（图 2-71）。5 号上提，在罚球线区域给 1 号做后掩护。2 号可以把球传给利用掩护切入的 1 号，也可以把球传给掩护后横向移动接球的 5 号。5 号队员接球后，可以中远距离投篮，也可以突破上篮（图 2-72）。

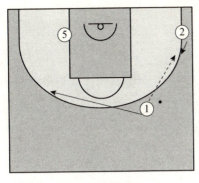

图 2-71

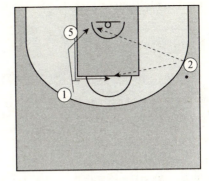

图 2-72

◆配合要点

（1）2 号队员在接球后要做出攻击姿势，吸引对方的防守。如果防守松懈，可以选择突破上篮。

（2）1 号传球后，要把防守人带入掩护区，在切入的时候，要有突然性。

（3）在后掩护时，如果对方换防，则 5 号要把 1 号的防守人顶在外线，向内线移动要球进攻。

（四）中锋罚球线落位

◆基本落位

这是一个中锋队员在罚球线落位的进攻落位阵型，这种落位方法能够充分发挥内线队员的策应能力，也能够让内线队员和外线队员在高位进行持球挡拆，也能够让内线队员和弱侧的队员进行无球掩护的战术配合。1 号队员持球于弧顶一侧，5 号队员落位于罚球线，2 号队员在弱侧的零度角落位（图 2-73）。

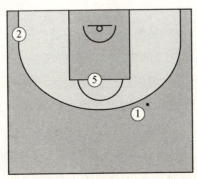

图 2-73

1. 溜底线进攻配合

◆配合方法

这是一个中锋队员在罚球线区域策应、无球队员溜底线完成进攻的战术配合。当进攻开始时，1号队员传球给5号队员（图2-74），当5号队员接球后，2号队员从弱侧沿端线区域溜底，接5号队员的传球上篮（图2-75）。

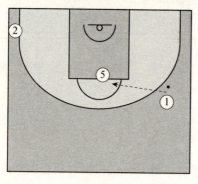
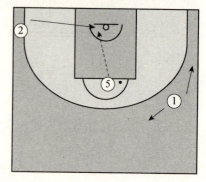

图2-74   图2-75

◆配合要点

（1）5号队员接球后要能够及时转身面对篮筐，一旦对方防守松懈，则可以直接突破上篮。要始终吸引对方无球队员的防守人。

（2）在5号接球后，2号队员要观察自己防守人的协防移动位置，采取溜底或横切，在限制区位置接5号的传球，在篮下完成进攻。

2. 挡拆进攻配合

◆配合方法

这是一个以内线和外线队员在高位做持球挡拆的进攻战术配合，通过挡拆获得进攻机会。当进攻开始时，5号队员从左侧给1号掩护，1号队员利用5的掩护向左侧运球突破，可以自己运球上篮，或中远距离投篮；可以传给掩护后转身下顺的5号队员，也可以传给向侧翼或底线移动的2号队员，由他们完成进攻（图2-76）。5号队员也可以从右侧给1号队员做掩护，从右侧发动进攻（图2-77）。当1号运球通过掩护后，及时把球传给移动到侧翼的2号队员，2号再把球传给掩护后转身向篮下移动的5号，由他在内线完成进攻（图 2-78）。

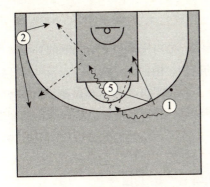

图 2-76

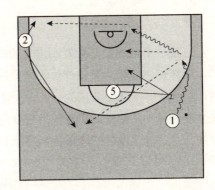

图 2-77

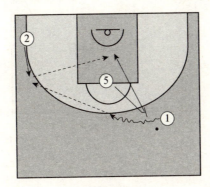

图 2-78

◆配合要点

（1）在 5 号掩护时，1 号持球队员要观察自己防守人及 5 号防守人的防守战术意图，及时改变运球突破的方向和线路，提高挡拆的质量。

（2）完成掩护后，5 号队员要根据自己的进攻能力及防守人的防守情况而选择移动路线。如果 5 号队员具备中远距离投篮能力，可以向外线或侧翼移动接球投篮。如果篮下攻击能力强，则要在掩护后多向篮下移动。

（3）当弧顶挡拆时，弱侧的 2 号队员要观察防守队员的移动路线，及时移动到接应区域接 1 号队员的分球完成进攻；或传球给掩护后移动到篮下的 5 号队员，由他在篮下完成进攻。

3. 弱侧无球掩护进攻配合

◆配合方法

这是一个从弱侧开始发动进攻的战术配合，由内线队员去给弱侧的外线队员做无球掩护，持球队员把球传给掩护拆开的队员，由他们完成进攻。当进攻开始时，1 号队员持球于弧顶的一侧，5 号队员去给弱侧的 2 号队员做掩护。2 号队员上提到弧顶，5 号队员掩护后转身向篮下移动。1 号队员可以传球给移动到弧顶的 2 号，也可以传球给掩护后移动到篮下的 5 号，由他们完成进攻（图 2-79）。

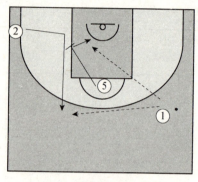

图 2-79

◆配合要点

（1）在无球掩护时，2 号队员要先向端线篮下区域移动，把防守人带入到掩护区。当 2 号队员移动到弧顶接球时，要能够做到接球就投的准备，一旦 2 号队员的防守人跟上，可以立即采用突破的方式进攻。

（2）当掩护完成后，5 号队员要及时转身把防守队员卡在身后，随时接 1 号队员的传球在篮下完成进攻。

4. 底线无球挡拆进攻配合

◆配合方法

这是一个低位无球挡拆的进攻战术配合。当进攻开始时，5 号队员向限制区移动，在低位给 2 号队员做掩护，2 号利用 5 号的掩护向强侧移动。1 号队员可以传球给移动到强侧的 2 号队员，也可以传给掩护后篮下转身卡位的 5 号（图 2-80）。当 2 号接球后，他可以选择投篮，也可以选择传球给篮下的 5 号，由 5 号队员在篮下完成进攻（图 2-81）。

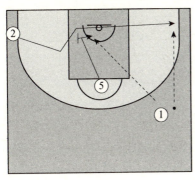

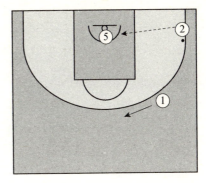

图 2-80　　　　　　　　　　　　　　图 2-81

◆配合要点

（1）在掩护时，2 号队员要先向上线移动，把防守人带入到掩护区。当 5 号队员移动到掩护位置后，要及时沿端线向强侧移动。在跑动的过程中，要能够随时接球进攻。

（2）当掩护完成后，5 号队员要及时转身卡位，做好接球进攻的准备。

（3）1 号队员要遵守"先内后外"的传球原则，即先看内线 5 号的位置，一旦他取得有利位置，要第一时间把球传给他。一方面是当掩护时，有可能形成错位防守对 5 号在篮下进攻更有利；另一方面是内线的机会是稍纵即逝。当 5 号没有机会时，再传球给向强侧移动的 2 号。

三、1、3、4 号位的进攻组合

（一）分散落位

◆基本落位

这是一个由后卫和前锋组合的阵容，三名队员分散落位。1 号队员持球落位于弧顶，3 号队员落位于侧翼，4 号队员落位于另一侧 30°附近的外线区域（图 2-82）。这种落位方式，拉开了防守空间，能够充分发挥队员的移动能力，为外线队员的突破和切入创造了条件。

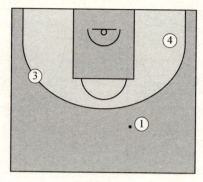

图 2-82

1. 突分进攻配合

◆配合方法

　　这是一个以突破分球为主的进攻战术配合，通过外线队员的连续突破分球，创造出进攻的机会。当进攻开始时，1 号队员从左侧开始突破，然后分球给移动到弧顶一侧接应的 3 号（图 2-83）。3 号队员在从右侧向内线突破，分球给移动到侧翼或插入到篮下的 4 号队员，由他完成进攻（图 2-84）。

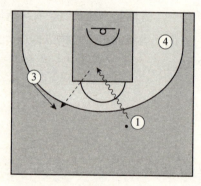

图 2-83

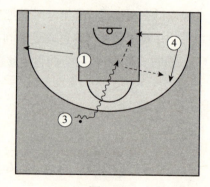

图 2-84

◆配合要点

　　（1）在战术发动开始时，三名队员要拉开距离，为突破创造空间。

　　（2）当一名队员开始突破时，其他两名队员要积极移动，不断地调整位置，做好接应及进攻的准备。

　　（3）在突破的过程中，一旦对方防守松懈，突破队员要做好直接攻击篮筐的准备。

2. 高位挡拆进攻配合

◆配合方法

这是一个大前锋和后卫队员做持球挡拆的进攻战术配合,由4号队员给弧顶持球的1号队员做掩护发动进攻。当进攻开始时,4号队员上提,从右侧给1号队员做掩护,1号队员向右侧运球突破,可以选择自己进攻,也可以传球给掩护后向篮下移动的4号队员,还可以传给移动到弧顶三分线外的3号队员,由他完成进攻(图2-85)。4号队员也可以从左侧掩护,当1号队员从左侧运球突破时,3号队员要向弱侧零度角区域移动(图2-86)。

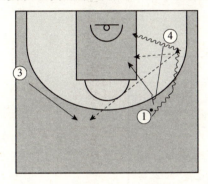

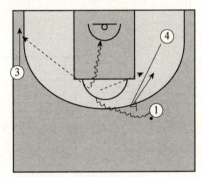

图 2-85 图 2-86

◆配合要点

(1)在挡拆开始时,1号队员要通过自己的运球或假动作把防守人带入到掩护区,给4号的掩护创造条件。

(2)当掩护完成后,4号队员要根据防守情况及自己攻击能力选择移动的路线。如果具备中远距离投篮,则4号可以向外线移动。

(3)3号队员要观察1号队员运球突破的方向,如果1号向右侧运球,则需要向弧顶区域移动;如果1号向左侧运球,则要向零度角区域移动。

3. 低位策应进攻配合

◆配合方法

这是一个以大前锋在低位做策应的进攻战术配合。当进攻开始时,1号队员向左侧运球,然后传球给移动到弧顶接应的3号队员(图2-87)。当3号队员接球后,先向右侧运球,然后再传球给移动到侧翼的1号队员。当1号队员接球时,4号队员从弱侧沿端线移动到强侧低位。1号队员传球给4号,当4号持球时,3号队员从弱侧切入,接4号的传球上篮(图2-88)。当4号持球时，3 号也可以向弱侧侧翼移动，接 4 号的传球突破进攻（图 2-89）。

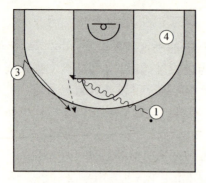 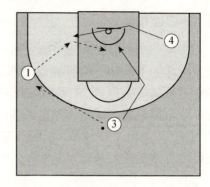

图 2-87   图 2-88

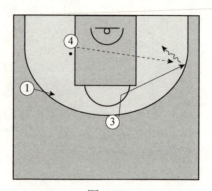

图 2-89

◆配合要点

（1）当 1 号和 3 号在弧顶做配合的时候，如果防守松懈，可以直接完成进攻。此时，4 号队员要拉开空间，不要向左侧低位移动。

（2）当 1 号队员在侧翼接球的时候，4 号队员突然从弱侧向强侧低位移动。当 1 号接球后，尽量面对篮筐，形成攻击状态，吸引外线的防守。如果对方防守松懈，可以直接强攻篮下。

（3）当 4 号持球时，3 号队员要观察自己防守人的移动位置，采取背切的方式切向内线，接 4 号的传球完成进攻。也可以选择向弱侧外线侧翼移动，远离防守，接球中远距离投篮。

4. 高位策应进攻配合

◆配合方法

这是一个由4号位队员移动到罚球线区域做策应的进攻配合。当进攻开始时，1号队员传球给侧翼的3号，当3号接球时，4号上提到罚球线区域，3号传球给4号（图2-90）。当4号接球后，3号和1号向两侧移动，4号可以选择传给移动到零度角或弧顶的3号队员，也可以传球给向篮下切入的1号队员，由他们完成进攻（图2-91）。

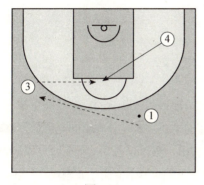

图 2-90

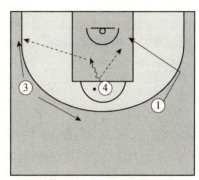

图 2-91

◆配合要点

（1）当1号向3号传球时，4号队员要做好上提的准备。先向端线方向移动，然后突然上提到罚球线区域，接球后要能够面向篮筐，如果对方防守失位，则可以直接中投或突破上篮。

（2）一旦4号没有进攻机会，则外线的3号和1号要相互观察，不要同一个地点移动。如果3号向弧顶移动，则1号要向右侧侧翼移动。如果3号向零度角或篮下移动，则1号要向弧顶或侧翼的外线移动。

（二）弱侧落位

◆基本落位

这是一个由两名前锋在弱侧落位的进攻落位阵型。1号队员持球于右侧侧翼，3号队员落位于弧顶的弱侧，4号队员在弱侧端线区域落位（图2-92）。这种进攻落位阵型能够充分发挥后卫队员的突破能力，通过后卫的突破带动进攻，也能够以弱侧的无球掩护展开进攻。

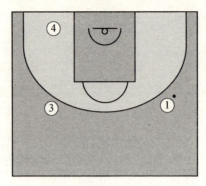

图 2-92

1. 突分进攻配合

◆配合方法

这是一个以突破分球为主的进攻战术配合，通过外线队员的连续突破分球创造出进攻机会。当进攻开始时，1 号队员从左侧向中路突破，分球给向身后弧顶移动的 3 号队员（图 2-93）。3 号再从右侧向内线突破，可以自己直接上篮或急停跳投；也可以分球给弧顶的 1 号队员，或分球给插向篮下的 4 号由他们完成进攻（图2-94）。

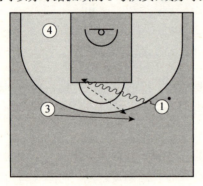

图 2-93

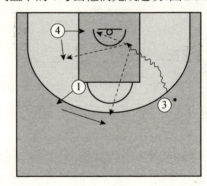

图 2-94

◆配合要点

（1）在开始突破的过程中，1 号队员要以分球为主。但是如果对方防守失位，则 1 号可以直接攻击篮筐。

（2）当 3 号持球突破时，1 号和 4 号要能够及时拉开空间，并做好接应的准备。尤其是 4 号队员，一旦发现防守队员去协防、补防，则要及时向篮下插入，随时接球完成进攻。

2. 弱侧无球掩护进攻配合

◆配合方法

这是一个以弱侧无球掩护发动进攻的战术配合。当进攻开始时，1 号持球于侧翼，3 号队员向下移动，去给低位的 4 号做无球掩护，4 号上提到弧顶。1 号可以传球给 4 号，或传给掩护后向篮下转身的 3 号，由他们完成进攻（图 2-95）。如果 4 号持球，则 1 号队员去给 3 号做掩护，3 号上提到侧翼外线。4 号可以传球给 3 号，或者传球给篮下的 1 号（图 2-96）。

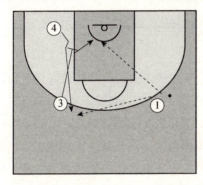

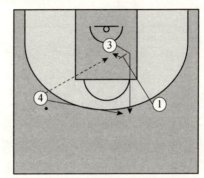

图 2-95   图 2-96

◆配合要点

（1）在无球掩护时，被掩护队员要把防守人带入到掩护区，以提高掩护的质量。当队员在外线接球时，要做好接球就攻击的准备，一旦防守者失位，则立即投篮。如果防守者到位，则可以采取突破进攻。

（2）在篮下掩护后，如果对方换防，要及时卡位转身，做好接球进攻的准备。

3. 后掩护进攻配合

◆配合方法

这是一个以高位后掩护完成进攻的战术配合，通过连续的后掩护创造进攻机会。当进攻开始时，1 号队员在侧翼持球，4 号上提给高位的 3 号做后掩护，3 号利用 4 号的掩护切入到篮下，接 1 号的传球进攻（图 2-97）。如果没有机会，则 1 号传球给掩护后向外弹出的 4 号，再利用 3 号的后掩护切入到篮下，接 4 号的传球上篮（图 2-98）。

◆配合要点

（1）在掩护完成后，切入的队员要及时向篮下移动，并要用身体卡住位置，做好接球的准备。一旦接到球，则在篮下强攻。

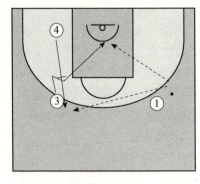 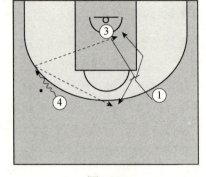

图 2-97　　　　　　　　　　　　　　图 2-98

（2）当被掩护队员离开后，掩护队员要根据防守队员的移动情况调整自己的位置。如果对方换防，则掩护队员要把防守顶在外线，向篮下移动要球进攻。如果没有换防，则掩护队员及时向外弹出，准备接球进攻。

（3）持球队员要时刻留意弱侧的无球掩护情况，一旦队友出现机会，则要第一时间把球传给他们。同时要观察自己的防守人的位置，如果对方失位，或注意力集中到弱侧的战术变化上，则可以直接突破上篮。

4. 低位策应进攻配合

◆配合方法

这是一个以 4 号队员在低位策应展开进攻的战术配合。当进攻开始时，1 号队员传球给侧翼的 3 号队员，3 号再传给在强侧低位要位的 4 号队员（图 2-99）。当 4 号持球时，3 号队员去弱侧给 1 号做无球掩护。4 号队员可以传球给移动到强侧外线的 1 号，也可以传给掩护后插向篮下的 3 号，由他们完成进攻（图 2-100）。

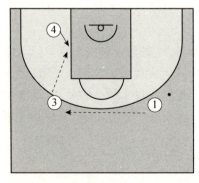 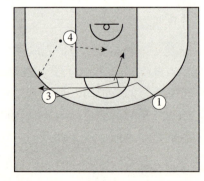

图 2-99　　　　　　　　　　　　　　图 2-100

◆配合要点

（1）4 号的要位要及时、突然，尽量在低位接球。如果防守失位，则 4 号队员可以实施强攻。

（2）3 号在给 1 号做掩护的时候，走位要有变化，如果防守失位，则 3 号可以直接切入到篮下接 4 号的传球进攻。如果 3 号去给 1 号做掩护，在掩护完成后，一定要及时卡位，并向篮下切入，做好接球进攻的准备。

（三）内线策应—外线弱侧落位

◆基本落位

这是以内线在高位策应，外线在弱侧落位的进攻落位阵型。1 号队员持球于弧顶的一侧，4 号落位于罚球线区域，3 号队员在弱侧三分线外落位（图 2-101）。这种落位阵型，可以充分发挥内线在高位的策应能力，也可以通过 4 号和 1 号在高位的挡拆完成进攻，也可以通过弱侧的无球掩护展开进攻。

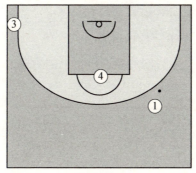

图 2-101

1. 高位挡拆进攻配合

◆配合方法

这是一个以高位挡拆展开进攻的战术配合。当进攻开始时，4 号去给侧翼持球的 1 号做掩护，1 号利用 4 号的掩护向左侧运球突破。1 号可以自己完成进攻，也可以传球给掩护后下顺的 4 号，或传球给弱侧外线的 3 号队员，由他们完成进攻（图 2-102）。4 号也可以在右侧给 1 号做掩护，1 号向右侧运球突破。此时，3 号要向弧顶区域移动，做好接应的准备（图 2-103）。

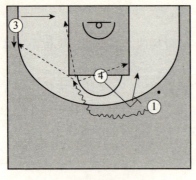
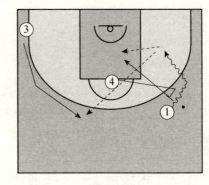

图 2-102   图 2-103

◆配合要点

（1）在掩护完成后，4 号队员要根据自己的攻击能力选择移动路线，如果具备中远距离投篮，则可以向外线移动。

（2）弱侧的 3 号队员要时刻观察挡拆区域防守的变化情况及自己防守人的协防位置，积极移动，做好接应准备，并随时做好向篮下切入的准备，一旦防守人协防，则及时插向篮下，接球进攻。

（3）当掩护完成后，1 号队员要通过自己的运球节奏吸引防守的注意力，及时把球传空位的队友。

2. 弱侧无球掩护配合

◆配合方法

这是一个以弱侧无球掩护展开进攻的战术配合。当进攻开始时，1 号持球于弧顶一侧，4 号队员去给弱侧的 3 号做无球掩护，3 号利用 4 号的掩护上提到弧顶。1 号可以传球给弧顶的 3 号，也可以传球给掩护后向篮下转身的 4 号，由他们完成进攻（图 2-104）。如果没有机会，1 号传球给 3 号后利用 4 号的掩护，从端线区域向强侧移动接 3 号的传球攻击。3 号也可以直接传给掩护后转身的 4 号，由他在篮下完成进攻（图 2-105）。

◆配合要点

（1）在无球掩护时，被掩护人要把防守人带入到掩护区，利用队友的掩护突然移动接球进攻。在接球的瞬间，如果防守失位，则被掩护人可以直接完成中远距离投篮。如果防守失位，则持球进攻队员可以采取突破进攻。

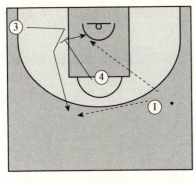

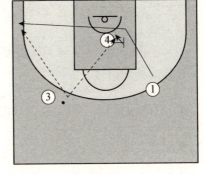

图 2-104   图 2-105

（2）当掩护完成后，4号队员要及时转身卡位，同时向篮下移动，做好在篮下接球进攻的准备。外线持球队员要能够第一时间把球传给他。

3. 端线无球掩护进攻配合

◆配合方法

这是一个在端线区域无球掩护的进攻配合。当进攻开始时，1号持球于弧顶一侧，4号在限制区端线区域给弱侧的3号做掩护，3号队员利用4号的掩护向强侧移动接球进攻（图2-106）。1号可以传球给3号队员，也可以传球给掩护后转身卡位要球的4号队员，由他们完成进攻。如果3号接球后没有进攻机会，则可以传球给篮下要位的4号队员，由他在篮下完成进攻（图2-107）。

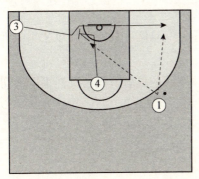

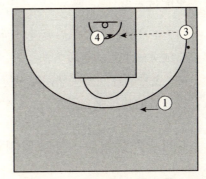

图 2-106   图 2-107

◆配合要点

（1）当4号队员去做掩护时，3号队员要先向右侧前方移动，把防守人带入到掩护区。当掩护时，4号要从端线区域突然向强侧区域移动，接球后急停投篮或突破上篮。

（2）当掩护完成后，4号队员要及时转身向篮下移动，或者转身后向罚球线区域移动接球进攻。

4. 罚球线策应—溜底线进攻配合

◆配合方法

这是一个以罚球线策应，弱侧队员溜底线进攻的战术配合。当进攻开始时，1号队员传球给罚球线的4号队员（图2-108）。当4号接球时，3号队员利用防守疏忽的瞬间，突然向篮下溜去，在篮下区域接球攻击（图2-109）。

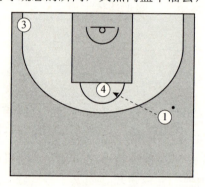
图 2-108

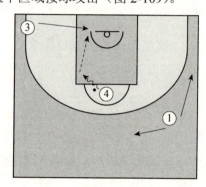
图 2-109

◆配合要点

（1）4号队员在接球后要及时面对篮筐，一旦防守松懈，可以采用中远距离投篮或突破上篮的进攻方法。

（2）3号的溜底要突然，如果对方卡住端线的位置，则要突然采取横切要位，接4号的传球强攻篮下。

（四）内线策应—外线强侧落位

◆基本落位

这是内线队员在罚球线区域落位，外线队员在强侧落位的进攻落位阵型。1号队员持球于弧顶的一侧，4号队员在罚球线落位，3号队员在强侧的零度角区域落位（图2-110）。这种落位阵型便于进攻方组织高位策应及挡拆的进攻战术，也可以组织强侧外线之间的战术配合。

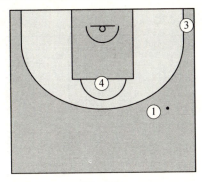

图 2-110

1. 高位策应—溜底线进攻配合

◆配合方法

这是一个高位策应和溜底线组合的进攻战术配合。当进攻开始时，1 号队员传球给在罚球线策应的 4 号（图 2-111），当 4 号接球时，3 号突然从端线溜向限制区，在篮下接 4 号的传球攻击（图 2-112）。在溜底线的时候，如果防守人卡住底线区域，则 3 号要采取横切，移动到限制区接 4 号的传球投篮（图 2-113）。

◆配合要点

（1）当 4 号接球后，要做出攻击动作吸引 3 号队员防守人的注意。1 号队员在传球后要向弧顶方向移动，带走防守人。

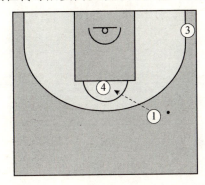

图 2-111

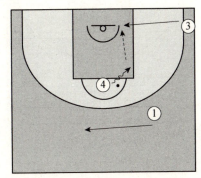

图 2-112

（2）3 号在溜底时，如果防守人卡住端线区域，则可以利用身体对抗横切到限制区，在篮下要位接球进攻。

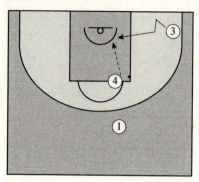

图 2-113

2. 切入进攻配合

◆配合方法

这是一个以传切为主的进攻战术配合，通过无球队员的连续切入创造出投篮机会。当进攻开始时，1 号队员传球给强侧的 3 号，然后向篮下切入接 3 号的回传球上篮（图 2-114）。如果没有机会，则 1 号向弱侧侧翼移动。当 1 号离开限制区后，3 号向弧顶方向运球。此时，4 号突然从罚球线向篮下切入，接 3 号的传球攻击（图 2-115）。

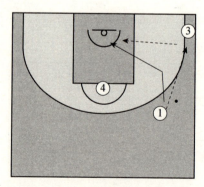

图 2-114

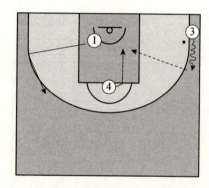

图 2-115

◆配合要点

（1）4 号在切入的时候，要观察防守队员的位置，可以采取近球侧切入，也可以远球侧切入。在切入的过程中，要主动加强身体对抗，一旦获得有利位置，要及时卡位要球。

（2）持球的 3 号队员要根据对方防守的情况，第一时间把球传给切入的队员。但是在队友切入的过程中，要时刻观察防守人的情况，一旦对方防守疏忽，则 3 号可以直接运球上篮或者通过突破发动进攻。

3. 高位挡拆进攻配合

◆配合方法

这是一个以高位挡拆发动进攻的战术配合。由于 3 号落位于强侧，这样可以拉空弱侧区域，便于 4 号和 1 号队员在弧顶挡拆后向弱侧发动进攻。当进攻开始时，4 号队员从左侧给 1 号队员做掩护，1 号队员运球突破，根据防守情况可以选择自己完成进攻，如中远距离投篮，或运球上篮；也可以传给掩护后向篮下移动的 4 号，也可以传球给沿三分线移动到弧顶侧翼的 3 号，由 3 号完成进攻（图 2-116）。

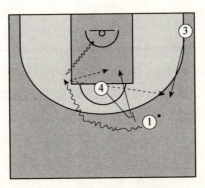

图 2-116

◆配合要点

（1）掩护完成后，4 号队员要根据防守情况及自己的攻击能力，选择合理的移动路线。如果具备中远距离投篮的能力则可以向外线移动。

（2）如果 4 号队员向外线移动，则 3 号队员要沿端线区域移动，突然切入到限制区，接 1 号或 4 号的传球在篮下强攻。

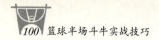

4. 策应—挡拆进攻配合

◆配合方法

这是一个以高位策应和挡拆组合起来的进攻战术配合。先由 4 号在高位策应，一旦没有机会，则回传给 1 号，由 4 号和 1 号队员在侧翼通过挡拆发动进攻。进攻开始时，1 号传球给罚球线区域的 4 号，4 号接球后可以自己攻击，也可以传给侧翼的 3 号，由他完成进攻（图 2-117）。如果没有机会，则回传球给移动到另一侧翼的 1 号，再和 1 号在强侧实施高位挡拆进攻配合（图 2-118）。

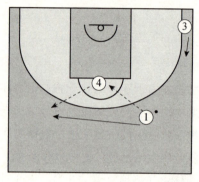
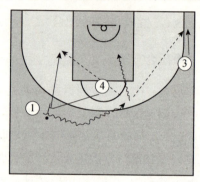

图 2-117　　　　　　　　　　　图 2-118

◆配合要点

（1）4 号接球后，要能够及时观察防守情况，可以选择自己进攻或传给强侧的 3 号。在 4 号接球的时候，3 号可以向篮下移动随时接球进攻。

（2）接球后，一旦没有机会，则 4 号要及时把球传给移动到另一侧翼的 1 号，并及时上提，二人在侧翼发起持球挡拆配合。这些动作要及时，保持进攻战术的顺畅。

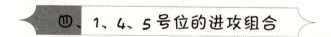

（四）、1、4、5 号位的进攻组合

（一）中锋强侧落位

◆基本落位

这是以一外两内的、中锋在强侧落位的进攻落位阵型。1 号队员持球于弧

顶一侧，5号队员在强侧低位落位，4号队员在弱侧限制区外落位（图2-119）。这种落位阵型能够发挥内线队员在低位的进攻能力，也能够发挥外线队员的传球、突破的能力。

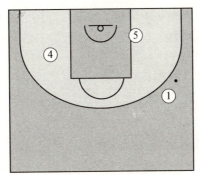

图 2-119

1. 低位强攻进攻配合

◆配合方法

这是一个由内线队员在低位强攻的进攻战术配合。当进攻开始时，1号队员传球给低位的5号队员，然后向内线切入，并向弱侧外线移动拉开空间（图2-120）。当1号拉开时，5号队员开始强攻。在5号向篮下运球进攻时，4号要向弧顶区域移动，1号向弱侧端线区域或弱侧侧翼区域移动，做好接应的准备（图2-121）。

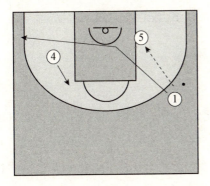

图 2-120

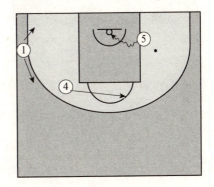

图 2-121

◆配合要点

（1）当进攻开始时，5号要通过身体的对抗，在低位获得有利的进攻位置。在1号切入时，如果能够传球给他，则由他完成进攻。

（2）当5号持球强攻时，4号和1号要做好接应的准备。一旦5号投篮，则二人要积极地冲抢篮板球。

2. 底线无球掩护进攻配合

◆配合方法

这是一个以两内线在底线做无球掩护进行进攻的战术配合。当进攻开始时，1号持球于侧翼，5号去限制区另一侧给4号做掩护。4号利用5号的掩护，从端线移动到强侧，接1号的传球进攻（图2-122）。在掩护完成后，1号也可以把球传给掩护后转身的5号，由他在内线完成进攻。如果4号接球后没有进攻机会，则立即把球传给篮下卡位的5号（图2-123）。

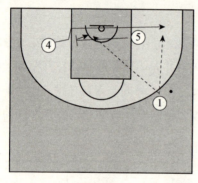
图 2-122

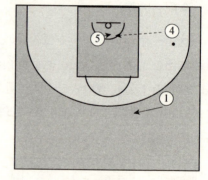
图 2-123

◆配合要点

（1）在掩护后，4号要根据防守队员的位置选择移动路线。如果防守队员卡住端线位置，则可以从上线横切限制区。如果防守队员堵住了上线，则可从底线向强侧移动。在移动过程中，一旦获得了有利位置，则要立即卡位要球进攻。

（2）在掩护完成后，5号队员要及时转身向篮下移动，或者向罚球线区域移动并积极抢位接球进攻。

3. 挡拆进攻配合

◆配合方法

这是一个以内线队员给外线后卫做挡拆的进攻战术配合。当进攻开始时，5 号队员上提给持球的 1 号做掩护。1 号队员向右侧运球突破，可以自己完成进攻，如中远距离投篮、突破上篮等；也可以传球给掩护后转身下顺的 5 号队员；还可以传给插向限制区的 4 号队员，由他们完成进攻（图 2-124）。5 号也可以从左侧做掩护，1 号向左侧弧顶区域运球，4 号向端线区域移动，或向篮下移动做好接球进攻的准备（图 2-125）。

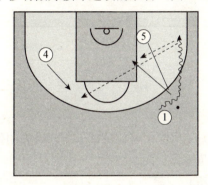
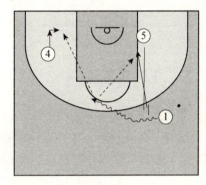

图 2-124   图 2-125

◆配合要点

（1）在掩护的时候，1 号队员要和 5 号队员形成默契，选择合理的运球突破方向。5 号队员掩护后，要积极卡位，并下顺接球进攻。

（2）在挡拆发生时，运球的 1 号队员要根据防守方战术情况，及时选择合理的进攻方法，或传给 4、5 号，或自己进攻。

4. 内线高低位进攻配合

◆配合方法

这是一个以两个内线队员之间的传球完成的进攻战术配合。当进攻开始时，1 号位在侧翼持球，弱侧的 4 号突然上提到罚球线区域，接 1 号的传球（图 2-126）。当 4 号接球后，5 号队员突然横切，接 4 号的传球强攻（图 2-127）。

◆配合要点

（1）当 4 号在罚球线接到球后，要转身面对篮筐，一旦防守松懈，则可以直接投篮或突破上篮。

（2）在横切时，5 号队员要通过与防守队员主动的身体对抗获得有利的位置，一旦接到球后，就要及时发动篮下的强攻。在 5 号攻击时，1 号队员要及时移动到侧翼做好接应准备。

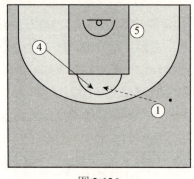 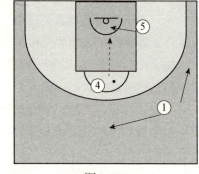

图 2-126   图 2-127

（二）牛角落位

◆基本落位

这是一外两内的、牛角落位的进攻落位阵型。1 号位持球于三分线外的弧顶处，4 号队员和 5 号队员在罚球线两顶角落位（图 2-128）。

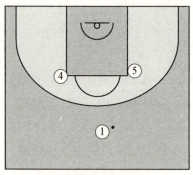

图 2-128

1. 双掩护进攻配合

◆配合方法

这是两个内线队员同时上提给后卫做掩护的进攻战术配合。当进攻开始时，1 号队员在弧顶持球，4 号和 5 号同时上提去给 1 号做掩护，1 号队员根据防守情况，可以向左侧、也可以向右侧运球突破（图 2-129）。在挡拆完成后，1 号队员根据防守情况，可以自己完成进攻，也可以传球给掩护后转身下顺的 5 号，还可以传球给留在弧顶的 4 号，由他们完成进攻。如果 4 号队员在外线接到球，可以向篮下突破进攻，也可以传球给移动到限制区的 5 号，由 5 号在内线完成进攻（图2-130）。

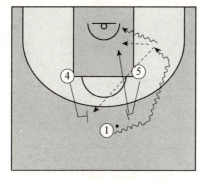

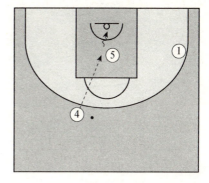

图 2-129 　　　　　　　　　　　图 2-130

◆配合要点

（1）当两名内线同时掩护时，持球的1号队员要根据防守的战术变化选择运球突破的方向。

（2）两名内线队员在掩护完成后，其中一名要及时向篮下移动，另一方面留在弧顶区域，做好接应的准备。一旦进攻队员在弧顶三分线区域接到球，则可以采取中远距离投篮或突破上篮完成进攻，也可以及时把球传给篮下的内线同伴，由他在篮下完成进攻。

2. 中锋交叉掩护进攻配合

◆配合方法

这是两个内线队员交叉掩护后完成进攻的战术配合。当进攻开始时，1号队员持球于弧顶，5号去给4号做掩护，4号利用5号的掩护移动到侧翼外线位置，接1号队员的传球进攻（图2-131）。当4号接球后，可以直接向篮下突破进攻，也可以再传球给掩护后向篮下移动的5号队员，由他在篮下完成进攻（图2-132）。

◆配合要点

（1）当4号在侧翼接球时，要面向篮筐做出攻击动作，一旦对方防守失位，可以直接投篮或突破上篮。

（2）5号队员在给4号做完掩护后要及时转身卡位，把防守队员卡在身后，以获得篮下的空间。如果无法接到1号的传球，要及时向侧翼4号转身，并随时做好接球进攻准备。

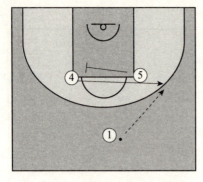

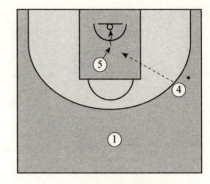

图 2-131   图 2-132

3. 高位挡拆—低位强攻进攻配合

◆配合方法

　　这是由一名内线去给后卫做挡拆，另一名内线移动到低中锋位置接球进攻的战术配合。当进攻开始时，4 号队员去给持球的 1 号做掩护，1 号运球从左侧运球突破（图 2-133）。当 1 号运球到侧翼位置时，5 号队员向强侧低中锋位置移动，接 1 号的传球，由他在低位强攻（图 2-134）。当 5 号接球后，4 号向弱侧侧翼区域移动，拉开防守空间，并做好接应的准备。

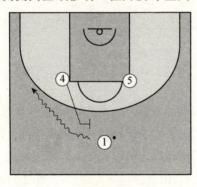

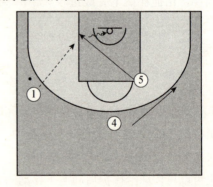

图 2-133   图 2-134

◆配合要点

　　（1）在 4 号上提去掩护时，5 号队员要运用身体对抗，在内线低位要到有利位置。

　　（2）在 5 号强攻时，4 号队员要向弱侧区域移动，一旦防守人包夹，则可以接 5 号的分球。

4. 后掩护进攻配合

◆配合方法

这是一名内线队员给外线队员做后掩护的进攻战术配合。当进攻开始时，1 号队员传球给弹出来接应的 5 号队员，4 号队员上提给 1 号做后掩护。1 号利用 4 号的掩护切入到篮下，接 5 号的传球进攻（图 2-135）。一旦 1 号没有接球进攻机会，5 号传球给 4 号，1 号给 5 号做后掩护，5 号移动到内线接 4 号的传球进攻（图 2-136）。

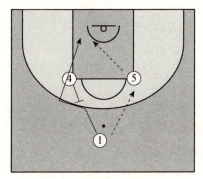
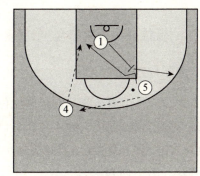

图 2-135　　　　　　　　　　　　　　图 2-136

◆配合要点

（1）5 号接球后要转身面对篮筐，一方面可以吸引防守；另一方面一旦自己的防守松懈，可以直接向篮下突破进攻。

（2）在 1 号切入后，4 号要观察防守变化情况，如果对方换防，则要把 1 号的防守人顶在外线，接 5 号的传球进攻。在 1 号给 5 号掩护后，要向外弹出做好接应准备。

（三）强侧高低位落位

◆基本落位

这是两名内线队员一个在罚球线区域落位，一个在强侧低位落位的进攻落位阵型。1 号队员持球于弧顶的左侧，4 号队员于罚球线区域落位，5 号队员在强侧低位落位（图 2-137）。这种落位阵型，不仅能够充分发挥内线队员在低位的优势，而且可以形成内线高低位进攻的战术配合。

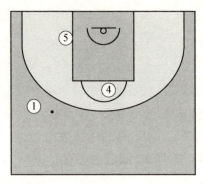

图 2-137

1. 低位强攻进攻配合

◆配合方法

这是一个由内线队员在强侧低位强攻的进攻战术配合。进攻开始时，1 号传球给弹出到弧顶接应的 4 号队员，然后从限制区切入，并向弱侧外线移动（图 2-138）。4 号沿三分线运球到侧翼，传球给内线低位的 5 号，由 5 号队员在篮下强攻（图 2-139）。

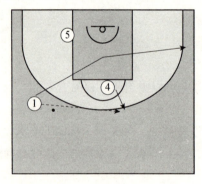

图 2-138

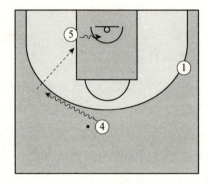

图 2-139

◆配合要点

（1）1 号队员在切入的时候，要随时做好接球进攻的准备。一旦获得机会，4 号队员要及时把球传给 1 号，由他完成进攻。

（2）在 5 号队员强攻时，4 号和 1 号要做好接应准备。一旦他投篮，则要积极冲抢篮板球，争取二次进攻的机会。

2. 内线高低位进攻配合

◆配合方法

这是一个两内线之间高低位进攻的战术配合。1号队员传球给罚球线区域的4号，当4号接球时，5号横切，在篮下要位接球进攻（图2-140）。

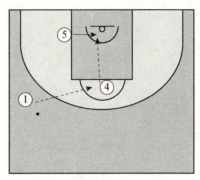

图 2-140

◆配合要点

（1）4号队员接球后要面对篮筐，如果防守失位，可以中距离投篮或突破上篮。

（2）5号队员在横切时，要敢于利用身体，通过与防守队员主动对抗获得篮下的进攻空间。

3. 高位挡拆进攻配合

◆配合方法

这是一个由一名内线队员去给外线队员做掩护，另一名内线队员移动到强侧低位接球强攻的战术配合。当进攻开始时，4号队员去给1号做掩护，1号向右侧运球突破（图2-141）。1号队员运球到侧翼位置，5号及时向强侧低位移动，接1号的传球在低位完成强攻（图2-142）。

◆配合要点

（1）在弧顶挡拆时，如果获得了进攻机会，可以直接完成进攻。

（2）在掩护完成后，4号队员要先向内、再向外移动。如果没有第一时间获得进攻机会，则需要向外拉开，为内线的5号创造进攻空间。

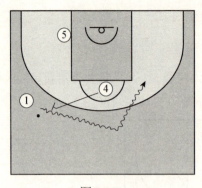
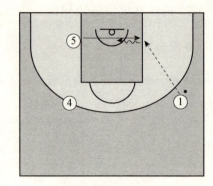

图 2-141	图 2-142

4. 弧顶策应进攻配合

◆配合方法

这是一个由内线到三分线外弧顶区域策应的进攻战术配合。当进攻开始时，1 号队员传球给弹出来接应的 4 号队员，然后向限制区切入（图 2-143）。如果没有进攻机会，则 1 号利用 5 号的掩护，再移动到外线侧翼位置接球进攻。4 号队员可以传球给拉出来的 1 号，也可以传给篮下掩护后卡位要球的 5 号（图 2-144）。

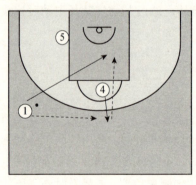
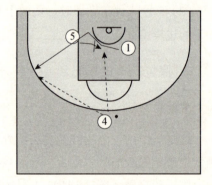

图 2-143	图 2-144

◆配合要点

（1）在弹出来接应时，4 号要做好接球攻击准备，如果防守失位，则可以直接突破上篮。

（2）在限制区掩护后，4 号队员要遵循先内再外的传球原则。即先看 5 号队员是否获得有利位置，一旦他有机会，则要第一时间把球传给他，由他在篮下完成进攻。如果没有机会，则再把球传给移动到侧翼的 1 号。1 号队员接球后可以传给内线的 5 号，也可以直接突破进攻。

（四）弱侧高低位落位

◆基本落位

这是两名内线队员一个在罚球线区域落位，一个在弱侧低位落位的进攻落位阵型。1 号队员持球于弧顶的左侧，4 号队员于罚球线区域落位，5 号队员在弱侧低位落位（图 2-145）。这种落位阵型， 可以形成内线高低位的进攻战术配合，也能够为外线的突破提供空间。

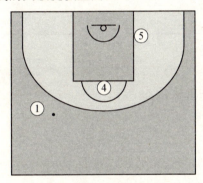

图 2-145

1. 内线高低位的进攻配合

◆配合方法

这是一个内线队员高低位传球的进攻战术配合，由罚球线的 4 号策应传球给篮下的 5 号，中锋 5 号在篮下强攻。当进攻开始时，1 号队员传球给罚球线策应位置的 4 号，并向侧翼区域移动，拉开防守空间（图 2-146）。当 4 号队员接球时，5 号横切移动，在限制区内抢到有利位置，接 4 号的传球，在篮下强攻（图 2-147）。

◆配合要点

（1）当 4 号接球后，要做出攻击性动作，一旦对方防守失位，则可以直接投篮或突破上篮。

（2）5号队员在横切之前要先向端线方向移动，调开防守队员的位置，然后再突然移动，通过与防守队员主动身体对抗获得有利位置。

（3）在5号强攻时，1号和4号要主动调整位置，拉开防守，并做好接应的准备。

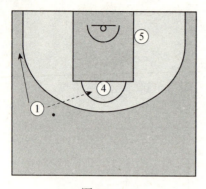
图 2-146

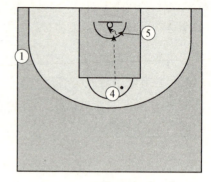
图 2-147

2. 弱侧无球掩护进攻配合

◆配合方法

这是两个内线做无球掩护发动进攻的战术配合。当进攻开始时，1号队员持球于弧顶一侧，罚球线的4号队员去给弱侧低位的5号队员做无球掩护，5号队员向弧顶方向移动。1号可以传球给5号，也可以传给掩护后转身到篮下的4号，由他们完成进攻（图 2-148）。当5号接球后如果没有进攻机会，则可以向侧翼运球，然后传球给低位的4号，由4号在低位强攻（图 2-149）。

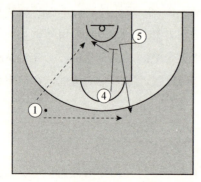
图 2-148

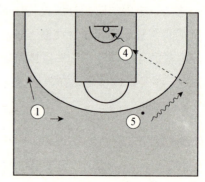
图 2-149

◆配合要点

（1）在无球掩护时，5号队员要提前把防守队员带入到掩护区。如果对方卡住上线，则可以从端线方向向强侧移动。

（2）在掩护完成后，4号队员要及时转身卡位，争取在篮下获得有利位置接球进攻。

（3）当5号接球无法形成进攻时，则4要队员要在外侧占据低位，5号在侧翼传球给他，在低位完成进攻。

3. 高低位轮转换位进攻配合

◆配合方法

这是由两名内线队员在高低位轮转换位进攻的战术配合。当进攻开始时，1号队员向侧翼运球。此时，落位在罚球线的4号队员向强侧低位移动，同时准备接球。当4号离开罚球线区域时，5号队员从弱侧上提到罚球线区域，准备接球进攻（图2-150）。1号队员可以把球传给低位的4号，也可以传球给罚球线区域的5号。当4号持球时，可以选择在低位强攻。当5号持球时，可以选择中距离投篮或从右侧突破上篮，也可以传给横切的4号，由他在篮下完成进攻（图2-151）。

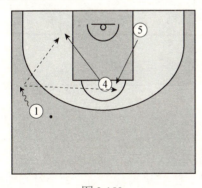
图 2-150

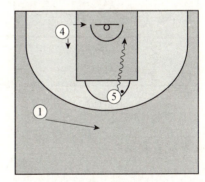
图 2-151

◆配合要点

（1）4号和5号的轮转要注意时机，当1号运球到侧翼的时候，4号队员要突然下插，突然启动并通过与防守队员的主动身体对抗获得有利位置。在4号离开罚球线的瞬间，5号向罚球线移动，不要起动的太早，也不要太迟。

（2）如果 4 号持球强攻，则 5 号要及时接应，并冲抢篮板球。如果 5 号中投或突破上篮，4 号队员也要积极调整位置，争取拼抢二次篮板球的机会。

4. 高位挡拆进攻配合

◆配合方法

这是由高位策应的队员和后卫挡拆发起的进攻战术配合。4 号队员去给弧顶侧翼的 1 号做有球掩护，1 号利用 4 号的掩护向右侧运球突破（图 2-152）。1 号可以根据防守情况，可以自己完成进攻，也可以传给掩护后拉开的 4 号队员。4 号队员也可以从左侧掩护，1 号从左侧运球突破（2-153）。当 1 号运球突破防守后，可以选择自己上篮或传球给拉开的 4 号，也可以分球给插向篮下的 5 号，由他们完成进攻。

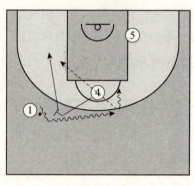
图 2-152

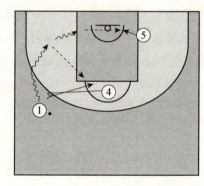
图 2-153

◆配合要点

（1）在挡拆时，1 号要观察防守的变化，选择突破的方向。如果对方夹击则要及时传球；如果对方换防，则要运用错位进攻的方法。

（2）当掩护完成后，4 号队员要及时拉开，可以选择向弧顶或侧翼外线移动，进行中远距离投篮。

（3）一旦 1 号运球从端线突破，则 5 号队员要根据防守的情况，及时插向篮下接 1 号的分球，在篮下完成进攻。

五、2、3、5号位的进攻组合

（一）中锋强侧低位落位

◆基本落位

这是一个中锋强侧落位的进攻落位阵型。2号队员持球落位于弧顶的一侧，3号队员落位于弧顶的另一侧，5号队员在强侧低位落位（图2-154）。

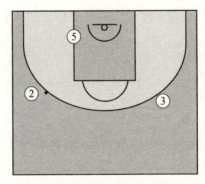

图 2-154

1. 低位强攻进攻配合

◆配合方法

这是一个以中锋在低位强攻展开进攻的战术配合。当进攻开始后，2号队员传球给5号队员。然后切入（图2-155）。如果没有机会接球，则移动到弱侧三分线外，3号队员向弧顶区域移动。当2号离开限制区后，5号开始运球强攻（图2-156）。如果遇到包夹，可以向外线传球。在5号进攻时，外线的队员也可以切入内线，接5号的传球进攻。

◆配合要点

（1）在低位要位时，5 号队员要主动通过与对手的身体对抗，争取获得有利位置。在 2 号切入时，如果有机会传球，则要及时把球传给他，由他完成进攻。

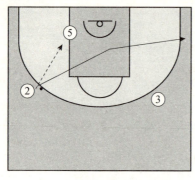 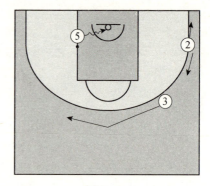

图 2-155   图 2-156

（2）在 5 号强攻时，外线的两名队员要及时地调整位置，做好接应的准备。一旦 5 号队员投篮，则外线进攻队员要积极冲抢篮板球，争取二次进攻的机会。

2. 突分进攻配合

◆配合方法

这是一个以突分为主的进攻战术配合。当进攻开始后，2 号队员从上线向中路突破，在突破的过程中，根据防守情况，2 号可以传给插向篮下的 5 号，也可以分球给向侧翼移动的 3 号（图 2-157）。当 3 号接球后，再从下线突破进攻。根据防守情况，3 号可以自己完成进攻，也可以分球给篮下的 5 号，还可以分球给弧顶区域接应的 2 号，并由他们完成进攻（图 2-158）。

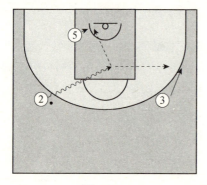 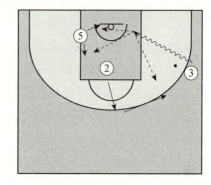

图 2-157   图 2-158

◆配合要点

（1）2 号的第一次突破以打乱对方防守阵型为主，注意突破的节奏，观察对方的防守变化，及时把球分给同伴。当分球给 3 号后，要及时向外线移动，给 3 号的突破拉开空间。

（2）3 号队员在外线接球时，要做好接球就投的准备。如果防守失位，则 3 号要果断出手。如果防守及时到位，则 3 号要从右侧下线再次突破。

（3）在 2 号和 3 号突破时，5 号队员不要过早进入限制区，以便拉开空间。

3. 无球掩护进攻配合

◆配合方法

这是一个以无球掩护展开的进攻战术配合。当进攻开始时，2 号队员传球给向弧顶移动的 3 号（图 2-159），中锋 5 号给 2 号做无球掩护。2 号利用 5 号的掩护移动到强侧，接 3 号的传球投篮。3 号可以传球给 2 号，也可以传给掩护后向篮下移动的 5 号，由他在篮下完成进攻（图 2-160）。

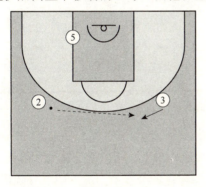

图 2-159

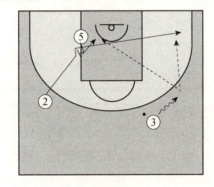

图 2-160

◆配合要点

（1）2 号队员在掩护后向强侧移动的过程中要随时取位，一旦防守人没有跟上，则 2 号要及时要位接球进攻，不要直接向三分线外移动。

（2）当掩护完成后，5 号队员要及时转身卡位，准备接 3 号的传球在篮下强攻。

（3）当 2 号接球后，如果没有投篮机会，则可以采取突破上篮或及时把球传给篮下的 5 号。

4. 挡拆进攻配合

◆配合方法

这是一个通过高位挡拆展开的进攻战术配合。当进攻开始时，5 号队员和 2 号在弧顶一侧做持球挡拆，2 号运球向右侧突破（图 2-161）。可以选择自己攻击，如中远距离投篮或突破上篮，也可以传球给掩护后向篮下移动的 5 号，还可以传球给向三分线零度角区域移动的 3 号。5 号也可以选择在左侧做掩护，2 号向左侧运球突破展开进攻（图 2-162）。

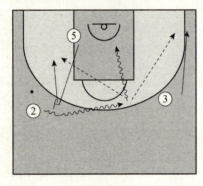

图 2-161

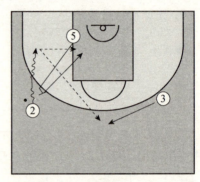

图 2-162

◆配合要点

（1）在掩护时，2 号队员要根据防守战术的变化选择合理的突破方向。在突破防守后，要根据防守的变化及时分球给同伴。

（2）3 号队员在接球后，一旦防守移动没有跟上，则要果断进行中远距离投篮。如果防守移动到位，则可以突破上篮或传球给移动到篮下的 5 号队员，由他在内线完成进攻。

（二）中锋弱侧低位落位

◆基本落位

这是中锋在弱侧低位落位的进攻落位阵型。2 号队员持球于弧顶的一侧，3 号队员落位于弧顶的另一侧，中锋 5 号在弱侧低位落位（图 2-163）。

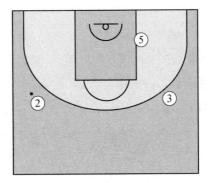

图 2-163

1. 底线无球掩护进攻配合

◆配合方法

这是一个以外线队员利用中锋队员在低位的无球掩护展开的进攻战术配合。当进攻开始时，2 号和 3 号在弧顶做运球掩护，然后传球给 3 号（图 2-164）。5 号在低位给 2 号做掩护，2 号移动到强侧的限制区外接 3 号的传球投篮。3 号也可以传球给掩护后向篮下移动的 5 号，由他在篮下完成进攻（图 2-165）。

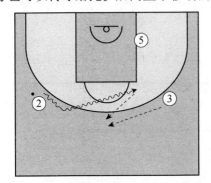

图 2-164

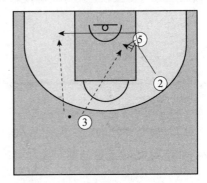

图 2-165

◆配合要点

（1）在弧顶做运球掩护的时候，如果对方防守失位，则可以运用中远距离投篮或突破上篮完成进攻。

（2）在掩护完成后，3 号要根据对方对掩护防守的战术变化，先内后外，及时把球传给篮下的 5 号，或传给移动到强侧的 2 号 。

（3）当 2 号接球后，如果没有进攻机会，则要及时把球传给篮下的 5 号，由他完成进攻。

2. 后掩护进攻配合

◆配合方法

这是一个通过连续的无球后掩护发动进攻的战术配合。当进攻开始时，2号在弧顶一侧持球，5号上提给弱侧的3号做无球后掩护，3号利用5号的掩护摆脱防守插入到篮下接2号的传球投篮（图2-166）。如果没有机会，2号传球给掩护后弹出的5号，3号上提给2号做后掩护，2号摆脱防守后向篮下切入，接5号的传球投篮（图2-167）。

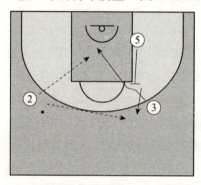

图 2-166

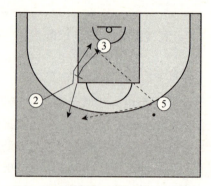

图 2-167

◆配合要点

（1）在无球掩护时，如果对方换防，则掩护队员要把防守人顶在外线，及时卡位要球进攻。

（2）在掩护完成后，掩护队员在向外弹出时要做好接球进攻的准备。一旦接到球，则可以进行中远距离投篮或向篮下突破。

（3）在切入到篮下后，如果防守队员跟上，则要利用身体靠住对手接球。一旦接到球，则要果断进攻。

3. 挡拆进攻配合

◆配合方法

这是一个通过挡拆展开进攻的战术配合。当进攻开始时，5号队员从弱侧上提，在弧顶的一侧给持球的2号做有球掩护（图2-168）。2号突破防守后可以选择自己进攻，或传球给掩护后下顺的5号，或传给向弱侧三分线外移动的3号。如果2号从左侧运球突破，则3号队员要向弧顶区域移动，同时做好接应的准备（图2-169）。

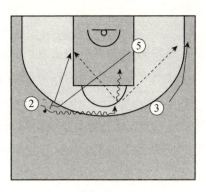
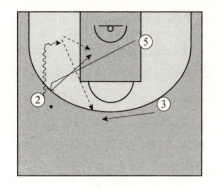

图 2-168   图 2-169

◆配合要点

（1）在挡拆时，运球的 2 号要根据防守战术变化情况选择突破方向。当对方采取挤过时，2 号可以突然向掩护的另一侧突破，打乱对方的防守。

（2）3 号队员要及时观察挡拆后 2 号队员的运球方向，如果对方向弧顶区域移动，则 3 号要向弱侧三分线外移动。如果 2 号向左侧运球突破，则 3 号要向弧顶区域移动。

4. 突分进攻配合

◆配合方法

这是以突破分球展开进攻的战术配合。中锋在弱侧落位，这样既拉开了内线的防守，给持球的 2 号队员创造了突破的空间。当进攻开始时，2 号运球从下线突破。可以分球给移动到身后弧顶处的 3 号，也可以分球给到罚球线区域或篮下的 5 号（图 2-170）。当 3 号接球后，向中路突破，在限制区的右侧和 5 号进行配合进攻（图 2-171）。

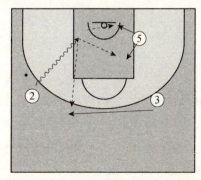
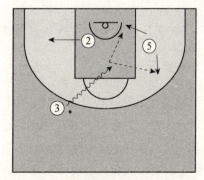

图 2-170   图 2-171

◆配合要点

（1）在突破的过程中，进攻队员要及时观察防守人协防的情况，及时把球分给接应的同伴。无球队员要及时调整位置，积极主动地做好接应的准备。

（2）外线队员接到突分的球后，如果是空位机会，则要果断投篮。如果防守到位，则要再次通过突破撕开对方的防守。当内线接到队友突破后的分球时，要果断地在篮下实施强攻。

（三）中锋弱侧—外线强侧落位

◆基本落位

这是两名外线队员在强侧落位，中锋队员在弱侧落位的进攻落位阵型。2号持球于弧顶的一侧，3号在强侧三分线外落位，5号在弱侧落位（图2-172）。这种落位阵型便于进攻方更好地让外线队员在强侧进行相互间的战术配合，同时也拉开了进攻的空间，为外线的突破和内线的强攻创造了机会。

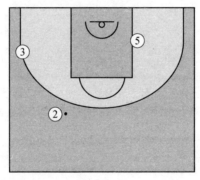

图 2-172

1. 交叉运球—低位强攻进攻配合

◆配合方法

这是一个外线队员之间交叉掩护运球和低位强攻结合的进攻战术配合。当进攻开始时，2号和3号在强侧做运球交叉掩护，2号运球后传球给移动到弧顶的3号（图2-173），3号再回传给移动到侧翼的2号。当2号再次接球时，5号从弱侧移动到强侧低位，接2号的传球进攻（图2-174）。

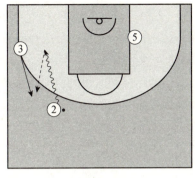

图 2-173

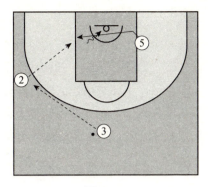

图 2-174

◆配合要点

（1）在做运球交叉掩护的时候，如果防守失位，则接球进攻队员可以进行中远距离投篮或突破上篮。

（2）5号移动的时机很重要，要在2号再次在侧翼接球的瞬间开始向强侧低位区域移动，并通过其防守队员身体对抗获得有利位置。

（3）当5号持球强攻时，2号和3号要积极调整位置，做好接应的准备，一旦接到5号的传球，要果断在外线投篮或直接突破上篮。

2. 挡拆进攻配合

◆配合方法

这是一个通过高位有球挡拆进攻的战术配合。当进攻开始时，5号给2号队员做持球挡拆，2号向右侧运球突破，可以选择中远距离投篮或突破上篮，也可以传球给掩护后转身向限制区移动的5号队员，还可以传给移动到弧顶区域接应的3号（图 2-175）。

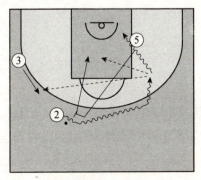

图 2-175

◆配合要点

（1）由于 3 号落位在左侧，则 5 号要在右边做掩护，2 号尽量选择向右侧运球突破。如果 2 号向左侧移动，则配合的空间可能受限。

（2）当掩护完成后，3 号的移动和 5 号的移动路线和时机要默契。如果 5 号留在三分线外，则 3 号要向篮下区域移动。如果 5 号掩护后向限制区移动，则在 5 号离开后，3 号再及时移动到弧顶区域做好接应的准备。

3. 底线无球掩护进攻配合

◆配合方法

这是一个通过底线区域的无球掩护展开的进攻战术配合。当进攻开始时，2 号向弧顶右侧区域运球组织进攻。3 号利用 5 号的掩护，向强侧端线区域移动。2 号可以传球给 3 号，也可以传球给掩护后向篮下移动的 5 号（图 2-176）。如果 3 号接到球，他可以采取中远距离投篮或向篮下突破进攻，也可以传球给篮下的 5 号，由他在篮下完成进攻（图 2-177）。

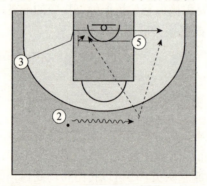
图 2-176

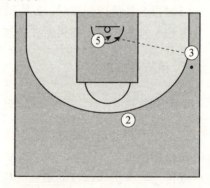
图 2-177

◆配合要点

（1）2 号在弧顶运球的时候，以组织进攻为主。但是一旦对方防守松懈，2 号可以选择运球突破，打乱对方的防守。

（2）在底线无球掩护的时候，3 号要先把防守人带入到掩护区。如果对方堵住端线方向，则 3 号可以横切移动到限制区接球进攻。如果 3 号移动到外线接球，在接球的瞬间其防守队员没有跟上，则可以果断进行中远距离投篮。如果防守到位，则 3 号可以直接突破上篮，也可以传球给掩护后向限制区移动的 5 号。

4. 策应—溜底线进攻配合

◆配合方法

这是一个通过内线队员在罚球线区域做策应展开的进攻战术配合。当进攻开始时，2 号队员在弧顶持球，5 号移动到罚球线位置，2 号传球给 5 号（图 2-178）。当 5 号接球时，3 号突然移动到篮下，接 5 号的传球投篮（图 2-179）。

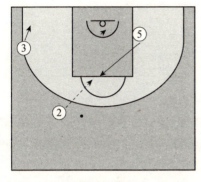 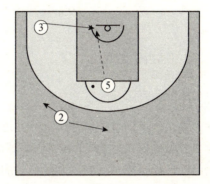

图 2-178 图 2-179

◆配合要点

（1）当 5 号接球后要面对篮筐，形成攻击姿势，他可以进行中距离投篮，也可以突破上篮。

（2）在 5 号接球时，3 号队员要观察 5 号的进攻意图及防守的变化情况。如果防守方采取对 5 号包夹，5 号没有选择自己进攻，则 3 号要及时地向篮下移动，并通过与对手的身体对抗获得有利位置，接 5 号的传球投篮。

（四）中锋罚球线落位

◆基本落位

这是中锋在罚球线区域落位的进攻落位阵型。2 号持球于弧顶右侧落位，3 号落位于弧顶的左侧，5 号在罚球线区域落位（图 2-180）。中锋在罚球线区域的落位，既能够发挥中锋的策应能力，也能够进行高位的挡拆及无球掩护战术配合。

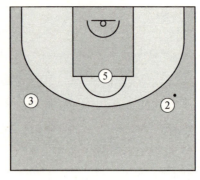

图 2-180

1. 挡拆进攻配合

◆配合方法

这是一个通过中锋挡拆进行的进攻战术配合。当进攻开始时，5 号从右侧给 2 号做掩护，2 号向端线方向运球突破（图 2-181）。2 号可以选择自己进攻，也可以传球给掩护后向限制区移动的 5 号，还可以传给移动到弧顶区域接应的 3 号。5 号也可以从左侧给 2 号做掩护，此时，3 号要向弱侧的零度角区域移动拉开空间，同时做好接应的准备（图 2-182）。

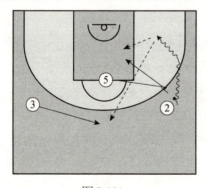

图 2-181

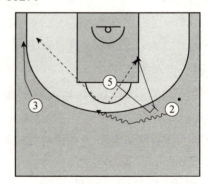

图 2-182

◆配合要点

（1）由于 2 号持球在侧翼，5 号在左右两个方向都可以进行掩护。两人之间要形成默契，2 号要根据防守的情况选择运球突破的路线。

（2）3 号队员要根据 2 号的运球突破方向选择移动的路线，如果 2 号向右侧端线区域运球，则 3 号要向弧顶方向移动。如果 2 号选择向中路运球，则 3 号要向弱侧零度角区域移动。

2. 无球掩护进攻配合

◆配合方法

这是一个通过弱侧的无球掩护展开的进攻战术配合。当进攻开始时，2号队员向侧翼运球，5号到限制区角部给3号做无球掩护，3号利用5的掩护摆脱防守向篮下移动，接2号的传球投篮（图2-183）。如果没有机会，则3号要向强侧的外线移动接球。2号可以选择传球给3号，也可以选择传球给掩护后转身接应的5号，由5号完成进攻（图2-184）。

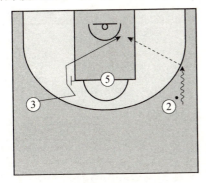

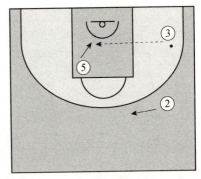

图 2-183　　　　　　　　　　　　图 2-184

◆配合要点

（1）在做无球掩护配合时，3号要把防守人带入到掩护区。如果防守方采取穿过或绕过的防守战术，则3号可以横切接球进攻。如果防守采取换防，则5号要把3号的防守人顶在上线，然后向球的方向转身做好接球进攻的准备。

（2）2号以运球组织进攻为主，要及时观察对方对无球掩护防守的战术变化，一旦发现机会，要及时把球传出。

3. 中锋策应进攻配合

◆配合方法

这是一个以中锋策应进攻的战术配合。当进攻开始时，2号在弧顶持球，5号上提到弧顶，接2号的传球（图2-185）。当5号接球时，3号突然插向限制区，接5号的传球投篮（图2-186）。

◆配合要点

（1）在向弧顶移动接球后，5号要观察防守队员的防守情况，如果对方防守松懈，可以根据自己的能力采取针对性的进攻，如中远距离投篮或突破上篮等。传球给 5 号后，2 号要向侧翼移动，以拉开防守空间，吸引防守的注意力。

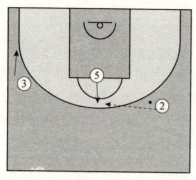

图 2-185

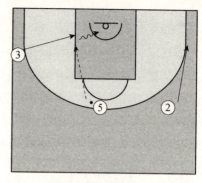

图 2-186

（2） 号队员的移动时机非常重要，当 5 向弧顶方向移动时，3 号要向端线方向移动。当 5 接球时，一旦发现他没有进攻机会，则要及时利用身体主动和防守人对抗横切或者溜底到限制区，接 5 号的传球投篮。

4. 低位策应进攻配合

◆配合方法

这是一个中锋在低位策应进攻的战术配合。进攻开始时，2 号向侧翼运球，5 号向强侧低位移动，接 2 号的传球（图 2-187）。2 号传球后切入，如果没有机会接球，则向弱侧三分线外移动。3 号向弧顶右侧移动。5 号队员可以直接传球给外线获得空位机会的同伴，也可以通过运球进攻吸引防守，然后再向外传球或者传给切入的队友，由他们完成进攻（图 2-188）。

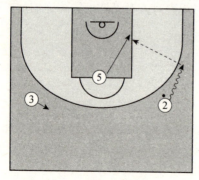

图 2-187

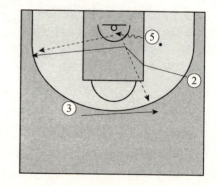

图 2-188

◆配合要点

（1）当 5 号向强侧低位移动时，要通过身体的对抗获得有利位置。一旦接球后，5 号要做好及时传球策应的准备。

（2）在 5 号运球进攻时，2 号和 3 号要积极调整位置，或在外线移动到空位，或向内线切入接 5 号的传球完成进攻。

六、3、4、5 号位的进攻组合

（一）中锋低位强侧落位

◆ 基本落位

这是两个内线的组合，在进攻时，一人在强侧低位落位，一人在弱侧落位的进攻落位阵型。3 号持球于弧顶的一侧，4 号位在弱侧外线拉开落位，5 号在低位落位（图 2-189）。

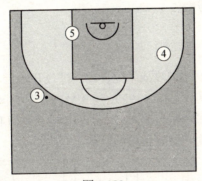

图 2-189

1. 无球掩护进攻配合

◆ 配合方法

这是一个以无球掩护展开的进攻战术配合。进攻开始后，3 号队员向弧顶方向运球，传给弹出到三分线外接应的 4 号（图 2-190）。当 4 号接到球后，3 号再利用 5 号在罚球线区域的掩护摆脱防守人移动到强侧低位接球进攻。4 号可以传球给移动到强侧的 3 号，也可以传给掩护后转身向篮下移动的 5 号（图 2-191）。

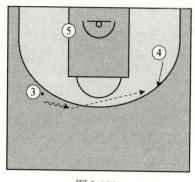

图 2-190

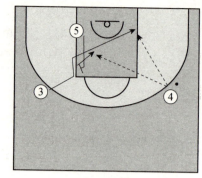

图 2-191

◆配合要点

（1）4 号要移动到三分线外接球，拉开防区并做好传球准备。

（2）3 号摆脱防守后，力争在靠近篮下区域接到球。一旦接球，则 3 号要尽可能在篮下完成进攻。如果不能接球，则要向强侧外线移动接球。如果在外线接到球，则 3 号可以果断中远距离投篮或突破上篮。

2. 低位强攻进攻配合

◆配合方法

这是一个低位强攻的进攻战术配合。当进攻开始后，3 号传球给 5 号，然后向弱侧移动以拉开防区（图 2-192）。当 3 号离开限制区后，5 号持球强攻（图 2-193）。当 5 号队员采取低位强攻时，4 号要向罚球区移动，3 号向弱侧端线附近移动或向侧翼移动，做好接应的准备。

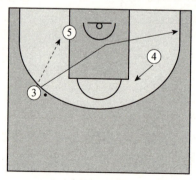

图 2-192

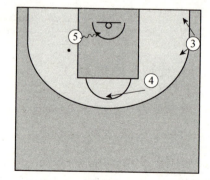

图 2-193

◆配合要点

（1）这是一个需要内线具备强攻能力的进攻战术，一旦持球后，5 号要敢于利用身体对抗和进攻技术果断进攻。

（2）在 5 号强攻时，4 号和 3 号要积极调整位置主动做好接应的准备，并随时做好切入接球进攻的准备，一旦防守方包夹 5 号，则可以直接向篮下切入接球进攻。

3. 内线无球掩护进攻配合

◆配合方法

这是一个内线队员之间做无球掩护的进攻战术配合。当进攻开始时，3 号在弧顶一侧持球，5 号到限制区另一侧给 4 号做无球掩护，4 号利用 5 号的掩护摆脱防守移动到强侧端线区域，接 3 号的传球进攻（图 2-194）。3 号也可以传球给掩护后转身卡位的 5 号，由他在篮下完成进攻。当 4 号接球后，要观察5 号队员的情况，如果他获得有利位置，要能够及时把球传到内线，由 5 号在篮下完成进攻（图 2-195）。

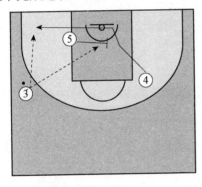

图 2-194

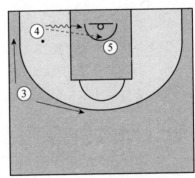

图 2-195

◆配合要点

（1）3 号在运球组织进攻的时候，要通过运球吸引防守，同时拉开防区。

（2）当通过掩护摆脱防守后，4 号要根据自己的攻击能力选择接球位置。如果具备中远距离投篮，则 4 号可以向外线移动接球进攻。5 号队员在掩护完成后要及时地转身卡位，做好接球进攻的准备。

4. 罚球线策应—低位强攻配合

◆配合方法

这是由两个内线通过高低位落位，一个策应，一个篮下强攻进行的进攻战术配合。当进攻开始时，3 号在弧顶一侧持球，4 号从弱侧移动到罚球线区域接球（图 2-196）。当 4 号接到球后，5 号向限制区移动，在篮下接球完成进攻（图 2-197）。

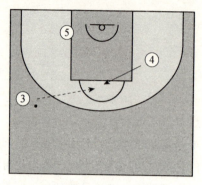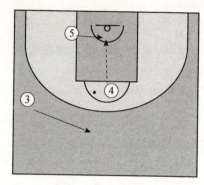

图 2-196　　　　　　　　　　　　　图 2-197

◆配合要点

（1）4 号在罚球线区域接到球后要做好攻击的准备。如果防守队员移动没有跟上，4 号可以中距离投篮，或突破上篮。

（2）5 号队员在横切移动时要加强与对手的身体对抗获得有利位置。当 5 号强攻时，3 号和 4 号要积极调整位置，做好接应和冲抢篮板球的准备。

（二）内线高低位弱侧落位

◆基本落位

这是内线队员在弱侧的高—低位落位进攻的落位阵型。3 号队员持球于弧顶的一侧，4 号队员在罚球线区域落位，5 号队员在弱侧的低位落位（图 2-198）。

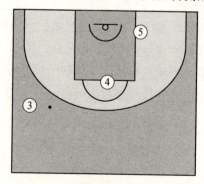

图 2-198

1. 高位策应—内线横切进攻配合

◆配合方法

这是由一名内线队员高位策应，另一名队员在内线强攻的进攻战术配合。当进攻开始时，3 号持球于弧顶一侧，4 号从罚球线上提到弧顶区域接 3 号的传球（图 2-199）。4 号持球后，5 号横切到限制区，4 号传球给 5 号，5 号在内线低位完成进攻（图 2-200）。

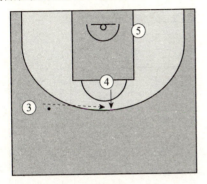
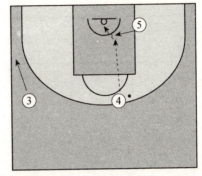

图 2-199   图 2-200

◆配合要点

（1）4 号要向外弹出接球以带动防守人，拉开内线进攻的空间。如果防守队员没有及时移动跟上，可以根据自身的能力展开进攻，如中远距离投篮或突破上篮等。

（2）在横切要位时，5 号要积极利用身体对抗抢到篮下的有利位置。当 5 号进攻时，3 号要移动到弱侧的侧翼三分线区域做好接应的准备。

2. 无球掩护进攻配合

◆配合方法

这是一个由两个内线队员之间的无球掩护完成的进攻战术配合。在进攻开始时，3 号在弧顶一侧持球，4 号向下移动给 5 号做无球掩护。5 号利用 4 号的掩护向弧顶区域移动（图 2-201）。3 号可以传球给 5 号，也可以传球给掩护后在篮下要位的 4 号。如果 5 号接球不能完成进攻，则可以向侧翼运球伺机传给篮下低位的 4 号，由他在篮下完成进攻（图 2-202）。5 号要观察防守队员的位置，如果对方卡住向上线移动的方向，则 5 号可以从端线向强侧移动，在强侧端线区域接球进攻（图 2-203、图 2-204）。

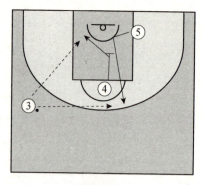

图 2-201

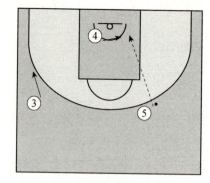

图 2-202

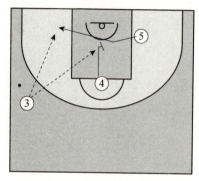

图 2-203

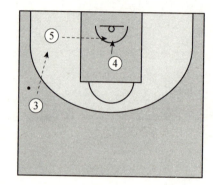

图 2-204

◆配合要点

（1）5 号队员要把自己的防守人带入到掩护区，掩护发生的位置要尽量靠近篮下区域。在摆脱防守后接球时，5 号要做好进攻的准备，或中距离投篮，或从左侧突破上篮。一旦没有机会，则向右侧运球，传球给篮下低位要球的 4 号。

（2）掩护完成后，如果对方换防，4 号要转身卡位，把 5 号的防守人顶在外侧，3 号要及时传球给 4 号，由他完成进攻。

第三章　半场四对四

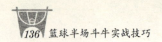

一、1、2、3、4号位的进攻组合

（一）四外落位

◆基本落位

这是一个四名队员拉开外线落位的进攻阵型，这种落位阵型能够拉开空间，为外线的突破和切入创造进攻条件。1 号持球于弧顶，2 号和 3 号在侧翼落位，4 号在一侧三分线外端线附近落位（图 3-1）。

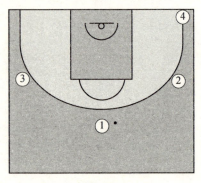

图 3-1

1. 突分配合

◆配合方法

这是一个以突破分球为主的进攻战术配合，通过连续的突破创造进攻投篮的机会。当进攻开始时，1 号从左侧向中路突破，分球给侧翼的 3 号（图 3-2）。3 号再从右侧向中路突破，可以分球给弧顶的 2 号，或弱侧底角的 4 号（图 3-3）。由 2 号或 4 号投三分球，或者他们再次突破上篮完成进攻（图 3-4）。

◆配合要点

（1）四名进攻队员尽量拉开空间，为突破创造条件。

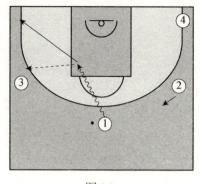

图 3-2

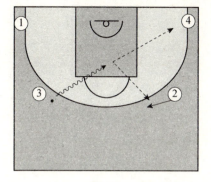

图 3-3

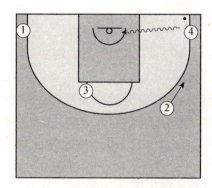

图 3-4

（2）当一名队员突破时，其他三名队员要积极调整位置，主动做好接应的准备。

（3）把外线的投篮和突破上篮结合起来。进攻队员在接到分球后，如果防守没有跟上，则进攻队员要果断在外线出手投篮。如果防守补位及时，则进攻队员可以再次突破上篮。

2. 传切+突分配合

◆配合方法

这是一个以传切和突分组合进攻的战术配合。当进攻开始时，1 号传球给侧翼的 3 号，然后从中路切入（图 3-5）。3 号可以直接传球给切入的 1 号，由他完成进攻。如果不行，则 3 号从下线运球突破，分球给移动到身后外线的 2 号，或者插向罚球线区域的 4 号，或从端线传给移动到弱侧零度角的 1 号，再由他们完成进攻（图 3-6）。

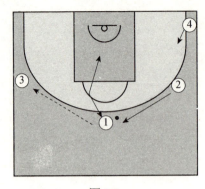

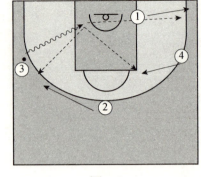

图 3-5 　　　　　　　　　　　　　　　　图 3-6

◆配合要点

（1）当 1 号切入后，如果没有机会接球，则 2 号要及时向弧顶移动，同时做好接应的准备。

（2）当 3 号从下线突破时，2 号要向 3 号身后侧翼移动，4 号向罚球线区域移动，1 号在弱侧零度角落位。一旦防守队员协防，则 2 号、4 号可以切入接球进攻。

3. "8"字运球—无球掩护配合

◆配合方法

这是一个通过"8"字运球和无球掩护组合进攻的战术配合。当进攻开始时，1 号向右侧运球，和 2 号做交叉跑动，再回传球给移动到弧顶的 2 号（图3-7）。2 号再向左侧运球，和 3 号交叉掩护，再回传球给 3 号（图 3-8）。当 3号持球时，1 号去给 4 号做无球掩护。3 号可以传球给上提到侧翼的 4 号，或者传给掩护后向篮下移动的 1 号，由他们完成进攻（图 3-9）。

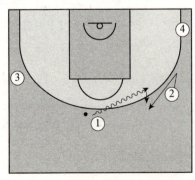

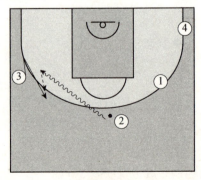

图 3-7 　　　　　　　　　　　　　　　　图 3-8

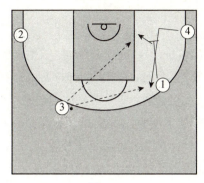

图 3-9

◆配合要点

（1）在弧顶做"8"字运球掩护时，如果防守失位，则进攻队员可以直接运球向篮下突破。外线接球时，如果防守没有跟上，则进攻队员可以采取远投。

（2）持球队员传球后要向外侧移动，拉开进攻的空间。

（3）1 号和 4 号要在 3 号持球的瞬间进行无球掩护，要注意掩护的时机。一旦对方换防，则可以利用错位进攻。

4. 无球掩护—挡拆配合

◆配合方法

这是一个通过无球掩护和挡拆组合进攻的战术配合。当进攻开始时，1 号在弧顶持球，2 号去给 4 号做无球掩护。1 号可以传球给利用掩护移动到侧翼的 4 号，也可以传给掩护后向篮下移动的 2 号，由他们完成进攻（图 3-10）。如果没有机会，2 号向弱侧移动，4 号在弧顶右侧和 1 号做挡拆，通过挡拆完成进攻。当强侧实施挡拆时，在弱侧的 3 号去给 2 号做无球掩护，2 号利用掩护向弧顶区域移动，同时做好接应准备（图 3-11）。

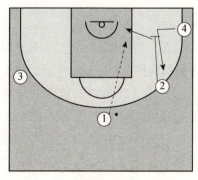

图 3-10

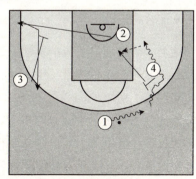

图 3-11

◆配合要点

（1）1号在弧顶运球的时候，要拉开空间，并做好传球的准备，一旦2号和4号无球掩护获得空位机会时，能够第一时间把球传给他们。

（2）当无球掩护没有机会时，2号要立即向弱侧移动，拉开限制区空间。4号要及时给1号做掩护，1号向右侧运球开始发动挡拆配合。

（3）当1号和4号在一侧做挡拆时，3号给2号做无球掩护，2号移动到弧顶一侧做好接应的准备。

（二）1-3落位的进攻配合

◆基本落位

这是一种内线队员在罚球线策应的1-3进攻落位阵型。1号队员在弧顶持球，2号和3号在侧翼落位，4号在罚球线落位（图3-12）。

图3-12

1. 高位后掩护进攻配合

◆配合方法

这是一个以高位后掩护发动的进攻战术配合。当进攻开始时，1号传球给侧翼的2号，4号上提到三分线附近给1号做后掩护。1号利用4号的掩护摆脱防守向篮下切入，接2号的传球在篮下完成进攻（图3-13）。2号可以根据防守情况，选择传球给切入的1号，也可以传球给弧顶的4号（图3-14）。如果不能传球给篮下的1号，则2号把球传给弹出接球的4号。4号再把球转移给弱侧的3号，3号突破上篮（图3-15）。

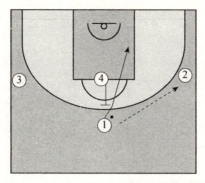

图 3-13

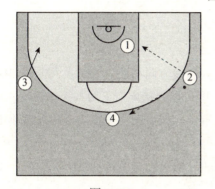

图 3-14

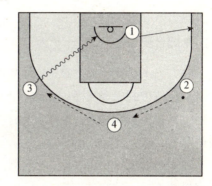

图 3-15

◆配合要点

（1）传球给 2 号后，1 号队员要把防守人带入掩护区域。如果对方换防，则 4 号要把 1 号的防守人顶在外线，向 2 号要球进攻。

（2）4 号接球后，先看篮下的 1 号是否有机会，如果有机会可以传球给篮下的 1 号，也可以运球从高位突破，通过突分打乱对方的防守。

（3）3 号在突破时，要观察防守的变化，一旦有人协防、补防，则要及时分球，外线队员要进行轮转移动，做好接应准备。

2. 双掩护战术配合

◆配合方法

这是一个在弱侧通过双掩护展开的进攻战术配合。如图 3-16，当进攻开始时，1 号传球给 2 号（图 3-16），当 2 号接球后，1 号向弱侧移动和 4 号一起给 3 号做双掩护，3 号移动到弧顶区域，接 2 号的传球完成投篮。2 号也可以传球给掩护后向篮下转身下顺的 4 号，由他在篮下完成进攻（图 3-17）。

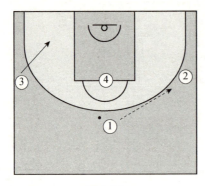

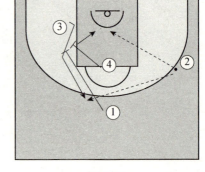

图 3-16   图 3-17

◆配合要点

（1）当1号向2号传球时，3号要先向端线方向移动，把防守人带入到掩护区。在掩护时，如果防守人堵住上线，则可以直接向篮下切入接球进攻。

（2）在掩护完成后，4号要及时转身卡位，然后向篮下移动，做好接球进攻的准备。

（3）当弱侧掩护进行时，2号要观察防守队员的动态，一旦防守松懈，可以直接从下线运球突破上篮。

3. 低位策应—无球掩护进攻配合

◆配合方法

这是一个通过内线队员在低位策应展开进攻的战术配合。当进攻开始时，1号传球给侧翼的3号（图3-18），4号向低位移动，接3号的传球（图3-19）。当4号接球后，1号和2号在弱侧做无球掩护，2号移动到罚球线区域，1号掩护后向篮下移动。4号可以传给2号，也可以传给1号，由他们完成进攻（3-20）。

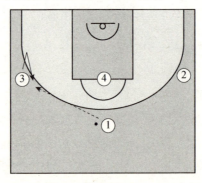

图 3-18

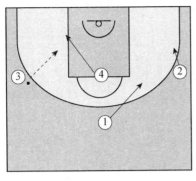

图 3-19

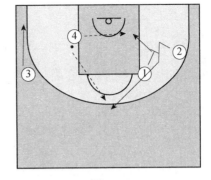

图 3-20

◆配合要点

（1）4 号的移动要及时，在球向 3 号转移的时候，利用身体对抗，及时移动到强侧低位。接球后，如果防守松懈，可以运球攻击。

（2）当无球掩护后，2 号要向弧顶区域走位，尽量拉开防守空间。一旦接到 4 号的传球，可以进行中远距离投篮或突破上篮。

（3）如果对方换防，则 1 号要把防守人卡住，然后及时向篮下移动，接 4 号的传球进攻。

4. 有球挡拆进攻配合

◆配合方法

这是一个通过高位的挡拆展开的进攻战术配合。当进攻开始时，4 号上提给 1 号做掩护，1 号利用 4 号的掩护向左侧运球突破，可以自己完成进攻，也可以传球给移动到三分线外零度角区域的 3 号，还可以传给掩护后向篮下移动的 4 号（图 3-21）。根据防守的位置移动情况，1 号也可以选择向右侧运球突破（图 3-22）。

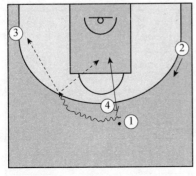

图 3-21

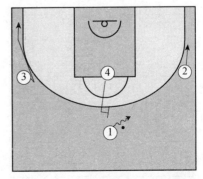

图 3-22

◆配合要点

（1）当掩护时，1号要根据对方对掩护防守战术的变化情况选择运球突破的方向。如果向右侧运球，则2号要向三分线外零度角区域移动，3号要向弧顶区域移动；如果向左侧运球，则3号要向三分线外零度角移动，2号要向弧顶区域移动。在掩护进行时，2号和3号要观察对方防守的战术变化及4号掩护后的走位路线。如果4号选择向外线移动，则他们可以向篮下或端线方向移动。

（2）在掩护后，一旦对方收缩防守，1号可以传球给弧顶的2号或者3号，由他们进行中远距离投篮或突破上篮。

5."8"字运球掩护—切入进攻配合

◆配合方法

这是一个通过外线队员的"8"字运球展开的进攻战术配合。当进攻开始时，1号向左侧运球和3号做交叉移动，然后回传球给弧顶的3号（图3-23）。3号再向右侧运球，并把球传给侧翼的2号（图3-24）。2号在传给移动到低位的4号（图3-25）。4号可以自己运球进攻，也可以传给从中路切入的3号，或者传球给移动到弱侧侧翼的1号，由他们完成进攻（图3-26）。

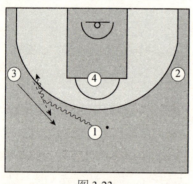

图3-23

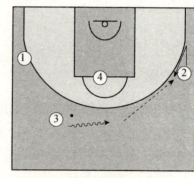

图3-24

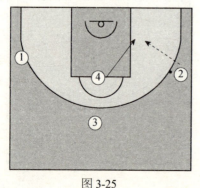

图3-25

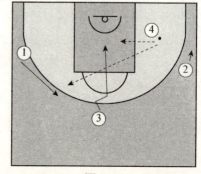

图3-26

◆配合要点

（1）当 1 号和 3 号在侧翼做交叉运球时，一旦对方防守松懈，可以直接向篮下突破或进行外线的投篮完成进攻。

（2）在 3 号接球后向右侧运球时，2 号要做好接球传球的准备，尽快把球转移给移动到低位的 4 号队员，由他在低位策应或者运球进攻。

（3）当 4 号接球后，3 号要观察他的进攻意图，及时插向篮下，接 4 号的传球完成进攻。

（三）斜 1–3 落位的进攻配合

◆基本落位

这是一个由内线队员在罚球线策应的斜 1-3 进攻落位阵型。1 号持球于偏左侧的弧顶，2 号在弧顶的另一侧，3 号在强侧零度角区域落位，4 号在罚球线落位（图 3-27）。

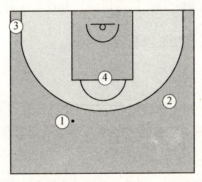

图 3-27

1. 高位持球挡拆进攻配合

◆配合方法

这是一个高位挡拆进攻的战术配合。由于 3 号在端线附近落位，拉开了防守，给高位的掩护提高的空间。当进攻开始时，4 号给弧顶的 1 号做掩护，1号向右侧运球突破。1 号可以自己完成进攻，也可以传球给移动到三分线零度角附近的 2 号，还可以传给掩护后转身的 4 号。如果防守收缩，也可以传给移动到弧顶侧翼的 3 号，由他投三分球完成进攻（图 3-28）。

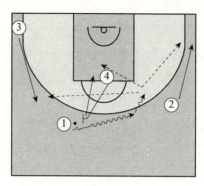

图 3-28

◆配合要点

（1）4 号尽量选择从右侧给 1 号做掩护，1 号从右侧运球突破。

（2）当 2 号在三分线端线附近接到球后，可以中远距离投篮或突破上篮，也可以传给掩护后移动到篮下的 4 号。

（3）当 1 号向右侧运球时，3 号要沿着三分线向弧顶方向移动，做好接球的准备。一旦接到 1 号的分球，则可以做三分投篮或突破上篮。

2. 高位策应—溜底线进攻配合

◆配合方法

这是一个内线队员在罚球线策应，前锋溜底线完成的进攻战术配合。当进攻开始时，1 号队员传球给侧翼的 2 号，2 号再传给罚球线策应的 4 号（图 3-29）。当 4 号接球后，3 号从弱侧沿端线溜向篮下，接 4 号的传球投篮（图 3-30）。

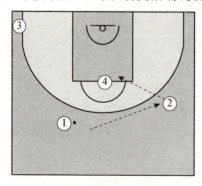

图 3-29

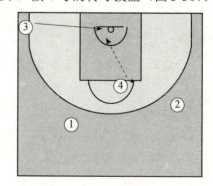

图 3-30

◆配合要点

（1）弧顶三角转移球要快，1号也可以直接传球给罚球线的4号。当4号接球后，要及时转身面对篮筐。如果防守松懈，4号可以做中距离投篮或突破上篮。而2号要向三分线端线方向移动，吸引防守的注意力。

（2）3号要观察4号的战术意图及防守队员的移动情况，不要过早向限制区移动。当看到4号吸引了防守时，突然溜向篮下。如果防守人堵在端线方向，则要主动利用身体对抗，采取横切要位，接4号的策应传球在篮下完成进攻。

3. 策应—背掩护进攻配合

◆配合方法

这是一个由策应和背掩护组合进攻的战术配合。当进攻开始时，1号和2号在弧顶一侧做运球交叉掩护，1号回传球给弧顶的2号（图3-31）。2号在吸引防守后，传球给罚球线策应的4号。4号传球给侧翼的3号（图3-32），然后去给弧顶的2号做后掩护。2号利用4号的掩护摆脱防守，接3号的传球上篮（图3-33）。

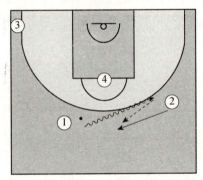

图 3-31

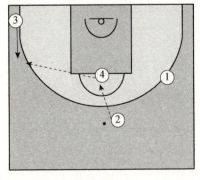

图 3-32

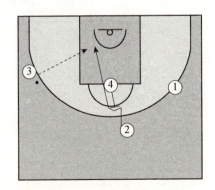

图 3-33

◆配合要点

（1）通过交叉运球吸引防守后，2 号要及时把球传给罚球线策应的 4 号。当 4 号接球时，要面对篮筐，可以自己完成进攻。

（2）3 号要向三分线外移动接球，拉开防守，为无球队员的后掩护提供空间，同时做好传球的准备，及时把球传给切入到篮下的 2 号或掩护后弹出的 4 号。

（3）如果 2 号没有机会，则传球给 4 号，4 号从弧顶突破上篮完成进攻。

4. 运球掩护—突分进攻配合

◆配合方法

这是一个以运球掩护和突破分球组合的进攻战术配合。当进攻开始时，1 号向 2 号运球并给 2 号做运球掩护，再传球给移动到弧顶的 2 号（图 3-34）。2 号传球给上提接应的 3 号（图 3-35）。3 号接球后从下线运球突破，可以分球给移动到弱侧零度角接应的 1 号，也可以分球给从弧顶移动到身后的 2 号，或传球给向限制区移动的 4 号，由他们完成进攻（图 3-36）。

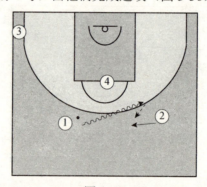

图 3-34

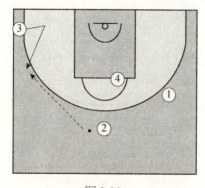

图 3-35

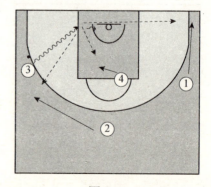

图 3-36

◆配合要点

（1）在弧顶做运球掩护时，如果防守失位，则进攻队员可以运球突破，直接发动进攻。

（2）当 3 号接到球后，要从下线突破。在 3 号突破时，1 号要向弱侧零度角移动；2 号要及时包抄到 3 号的身后，同时做好接应的准备。一旦 3 号投篮，4 号要做好冲抢篮板球的准备，争取二次进攻的机会。

5. 策应—切入—突分进攻配合

◆配合方法

这是一个以内线低位策应发起的进攻战术配合。当进攻开始时，1 号传球给 2 号，2 号向侧翼运球，传给移动到低位外侧的 4 号（图 3-37）。4 号把球传给移动到强侧弧顶的 1 号（图 3-38），1 号开始突破，通过突破撕开防守，分球给其他队员完成进攻（图 3-39）。

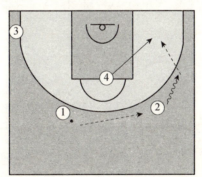

图 3-37

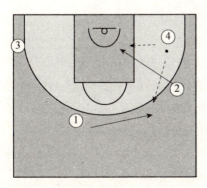

图 3-38

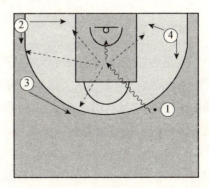

图 3-39

◆配合要点

（1）4号在接球时，稍微向外侧移动，拉开防守空间，为后面的切入和突破做好准备。

（2）当2号切入时，4号如果能够传球给他则要及时传球，由他完成进攻。

（3）当1号接球后，要果断地通过突破打乱对方的防守，及时分球给无球的同伴。

（四）箱式落位

◆基本落位

这是由四名队员箱式站位的进攻落位阵型。1号和2号分别落位于弧顶的两侧，3号和4号落位于端线的两侧（图3-40）。

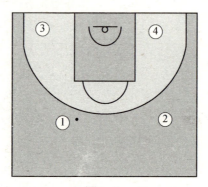

图 3-40

1. 突分进攻配合

◆配合方法

这是通过连续的突破分球创造投篮机会的进攻战术配合。当进攻开始时，1号传球给2号，2号从下线运球突破，分球给接应的4号（图3-41），4号传球给弧顶的1号（图3-42）。1号再从左侧向中路突破，可以分球给弧顶侧翼的3号，或弱侧零度角区域的2号，由他们完成进攻（图3-43）。

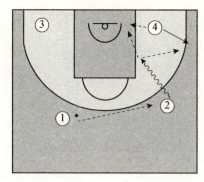

图 3-41

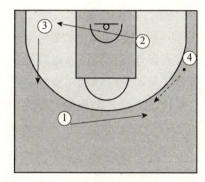

图 3-42

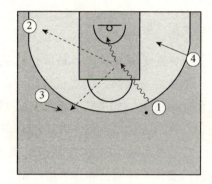

图 3-43

◆配合要点

（1）当 2 号突破时，4 号要根据防守人协防的位置选择合理的移动路线，可以向篮下切入，也可以向侧翼外线移动接 2 号的分球。如果 4 号在篮下接到了 2 号的传球，则要强攻。

（2）在一名队员突破时，其他外线队员要积极调整位置，做好接应的准备。如果进攻队员在外线接到分球，可以直接采取中远距离投篮或再次突破上篮。

2. 无球掩护配合

◆配合方法

这是通过连续的弱侧无球掩护的进攻战术配合。当进攻开始时，1 号队员持球于弧顶一侧，2 号去给 4 号做无球掩护，1 号传球给移动到侧翼外线的 4 号（图 3-44）。当 4 号接球后，1 号去给 3 号做无球掩护。4 号可以传球给利用掩护移动到侧翼外线的 3 号，也可以传给掩护后向篮下移动的 1 号，由他们完成进攻（图 3-45）。

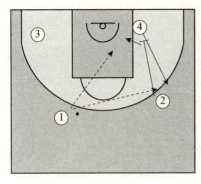 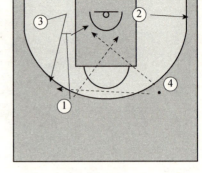

图 3-44　　　　　　　　　　　图 3-45

◆配合要点

（1）在无球掩护时，被掩护队员要把防守人带入到掩护区以提高掩护质量，迫使对方换防，造成错位防守。一旦对方错位，则可以利用身体、技术优势完成进攻。如果防守人换防，则掩护人要转身卡位，把被掩护者的防守人顶在身后，然后向篮下移动接球进攻。

（2）外线的传球要先内后外，先看掩护人是否有机会，一旦他获得了有利位置，要第一时间把球传给他，由他在篮下完成进攻。

3. 高位策应—背溜进攻配合

◆配合方法

这是一个运球掩护、策应结合背溜的进攻战术配合。当进攻开始时，1 号给 2 号做运球掩护，然后回传球给移动到弧顶的 2 号（图 3-46），2 号再回传给移动到侧翼的 1 号，当 1 号接球时，4 号移动到限制区顶角位置，接 1 号的传球。当 4 号接球后，3 号突然从弱侧溜到篮下，接 4 号的传球投篮（图 3-47）。

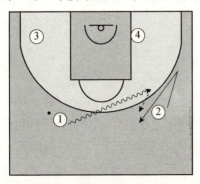 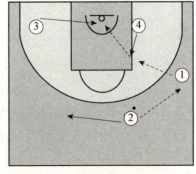

图 3-46　　　　　　　　　　　图 3-47

◆配合要点

（1）在弧顶做运球掩护时，要拉开进攻空间，吸引防守的注意力。一旦防守松懈，可以直接通过突破上篮，或远距离投篮完成进攻。

（2）4号的策应移动要及时，在接球后要面对篮筐做出攻击动作，吸引防守。

（3）3号的溜底要突然，不要过早地向限制区靠近，先拉开空间。在4号接球做策应的瞬间，突然向篮下切入。如果对方卡住端线方向，则要利用身体对抗横切要位进攻。

4. 高位持球挡拆配合

◆配合方法

这是一个通过高位挡拆完成的进攻战术配合。进攻开始时，4号上提到弧顶给1号做掩护（图3-48）。1号利用4号的掩护向右侧运球突破，2号向强侧零度角区域移动，3号沿三分线向弧顶移动，4号掩护后向篮下移动。1号可以自己突破上篮或中远距离投篮完成进攻，或者分球给其他队友完成进攻（图3-49）。

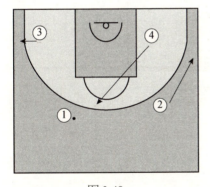

图 3-48

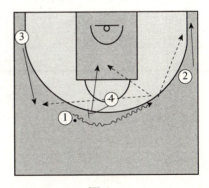

图 3-49

◆配合要点

（1）当4号上提给1号做掩护时，其他两名队员要及时调整位置，拉开空间。4号在掩护完成后，要根据自己的进攻能力选择移动路线，如果具备中远距离投篮，则可以向外线移动。

（2）3号队员要观察4号队员的移动路线，如果4向外线移动，则3号可以向篮下区域移动。如果4号向限制区移动，则3号要沿三分线向弧顶移动，做好接应准备。

二、1、2、3、5号位的进攻组合

（一）中锋低位落位

◆基本落位

这是由中锋在低位站位、三名外线队员在弧顶三分线外站位的进攻落位阵型。1号持球于弧顶落位，2号和3号分别落位于两侧翼，5号在低位落位（图3-50）。

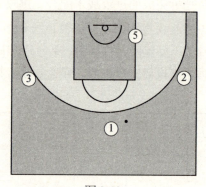

图 3-50

1. 低位强攻战术配合

◆配合方法

这是一个以中锋队员在低位强攻的进攻战术配合。当开始进攻时，1号传球给侧翼的2号，然后去给弱侧的3号做掩护，2号传球给低位的5号（图3-51）。当5号接球后，2号切入，如果没有机会接球，则向弱侧移动。当2号离开限制区后，5号持球向篮下发起强攻。1号和3号调整位置，积极做好接应的准备（图3-52）。

◆配合要点

（1）当传球给侧翼的2号后，1号去给弱侧的3号做掩护，交换位置，吸引防守。

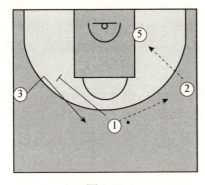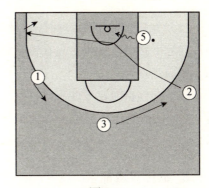

图 3-51   图 3-52

（2）当 5 号强攻时，外线的三名队员要积极主动移动位置，一旦防守方进行包夹，则可以在外面接 5 号的分球投篮，也可以向限制区切入，接 5 号的传球上篮。

2. 持球挡拆配合

◆配合方法

这是一个中锋和外线队员在侧翼做持球挡拆进攻的战术配合。当进攻开始时，1 号向右侧翼运球，2 号利用 5 号的掩护向弱侧移动，如果 2 号在篮下获得进攻机会，1 号可以直接把球传给 2 号，由他在篮下完成进攻（图 3-53）。如果没有机会，则 5 号和 1 号在强侧做挡拆配合，1 号利用 5 号的掩护向端线方向运球，可以传球给掩护后向篮下转身的 5 号，也可以传给移动到弧顶接应的 3 号，或传给弱侧端线区域的 2 号，由他们完成进攻（图 3-54）。

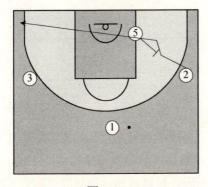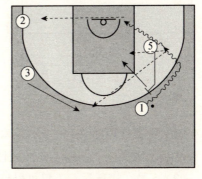

图 3-53   图 3-54

◆配合要点

（1）当 1 号向右侧运球时，2 号要及时向端线方向移动，并和 5 号做掩护，然后向篮下移动。如果 2 号在篮下获得机会，1 号要及时把球传给他，由他在篮下完成进攻。

（2）在挡拆时，要注意挡拆发生的位置，尽量在侧翼 60° 区域做右侧的挡拆，1 号向右侧运球突破。一旦 5 号掩护后下顺到内线，3 号要向弧顶移动，做好接应准备。一旦获得 1 号的传球，要果断远投，或者突破上篮。

3. 低位策应配合

◆配合方法

这是利用中锋在低位的策应发动进攻的战术配合。当进攻开始时，1 号队员传球给侧翼的 2 号，2 号再传球给低位的 5 号（图 3-55），并向强侧底角处移动。当 5 号接球时，1 号去弱侧给 3 号做无球掩护，3 号向罚球区移动，1 号掩护后向篮下移动，或者向弱侧零度角区域移动。5 号可以把球传给移动到强侧零度角的 2 号，也可以把球传给利用掩护摆脱防守后移动到罚球区的 3 号，还可以传给掩护后向篮下移动的 1 号（图 3-56）。

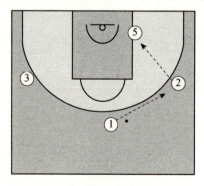

图 3-55

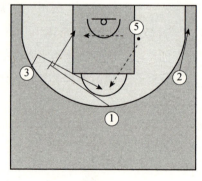

图 3-56

◆配合要点

（1）当 2 号传球给 5 号后，要观察自己防守人的协防移动位置，如果其从上线夹击，则要向端线零度角区域移动，准备接 5 号的回传球投篮。

（2）5 号在接球后，不仅可以持球做策应，也可以通过运球吸引防守再把球传给空位的队友。在运球的过程中，一旦对手没有采取包夹战术，则可以直接运球进攻。

（3）在给 3 号掩护后，如果对方换防，则 1 号要及时把 3 号的防守人卡住，并向内线移动，接 5 号的传球进攻。如果没有机会，则向弱侧外线移动，拉开防守。

4. "8" 字运球—突分配合

◆配合方法

这是一个外线 "8" 字运球结合突破分球的进攻战术配合。当进攻开始时，1 号先向右侧运球，传球给移动到弧顶区域的 2 号（图 3-57）。2 号再向左侧运球，传球给 3 号，3 号再回传给移动到侧翼的 2 号（图 3-58）。2 号接球后，从下线突破，可以分球给外线的 1 号和 3 号，也可以分球给限制区的 5 号（图 3-59）。

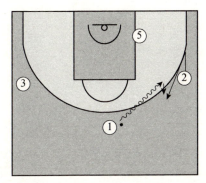

图 3-57

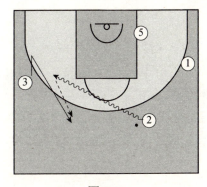

图 3-58

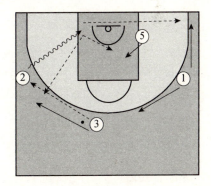

图 3-59

◆配合要点

（1）在弧顶 "8" 字运球时，如果防守失位，可以直接突破上篮或以远距

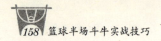

离投篮完成进攻。

（2）当2号从下线突破时，其他三人要做好接应的准备。3号要向2号的身后外线移动，如果5号向限制区移动，则1号要向弱侧零度角区域移动。一旦外线接到分球，则要果断投篮或者突破上篮。

（二）中锋罚球线落位

◆基本落位

这是中锋队员在罚球线策应站位的进攻落位阵型。三名外线队员在弧顶区域落位，5号中锋在罚球线落位（图3-60）。

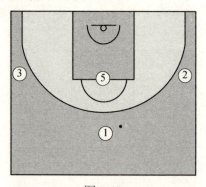

图 3-60

1. 后掩护进攻战术

◆配合方法

这是一个中锋给无球队员做后掩护的进攻战术配合。当进攻开始时，1号传球给侧翼的3号队员，5号上提到三分线附近给1号做后掩护。1号利用5号的掩护向篮下切入，在篮下接球完成进攻（图3-61）。3号如果不能传球给篮下的1号，则把球传给弧顶的5号，5号再把球传给侧翼的2号（图3-62）。然后5号去给2号做掩护，在右侧通过挡拆完成进攻（图3-63）。

◆配合要点

（1）当5号给1号做后掩护时，如果对方换防，则5号要把1号的防守人顶在外线，然后向限制区移动，接3号的传球进攻。1号如果在篮下没有机会接球，当看见3号传球给5号后要向左侧零度角区域移动，带走防守队员。

（2）在 2 号接到 5 号的传球后，要先向右侧侧翼运球，拉开防守空间，为 5 号的掩护做好准备。

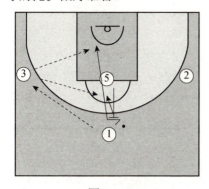

图 3-61

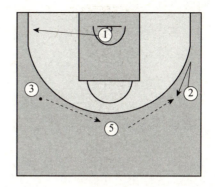

图 3-62

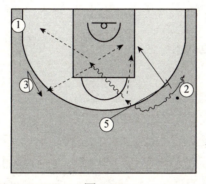

图 3-63

2. 策应—背溜进攻战术

◆配合方法

这是一个通过中锋在罚球线区域的策应和前锋从弱侧背溜完成的进攻战术配合。当进攻开始时，1 号传球给侧翼的 2 号，2 号传球给罚球线区域的 5 号（图 3-64）。当 5 号接球时，3 号要突然溜向篮下，接 5 号的传球投篮（图 3-65）。

◆配合要点

（1）当 2 号接球后，5 号要向 2 号方向移动，主动接球。可以适当地向弧顶方向移动，带开防守，拉空限制区。在接球后，要能够及时面对篮筐，做出攻击姿势，以此吸引防守。如果防守松懈，可以中距离投篮或突破上篮。

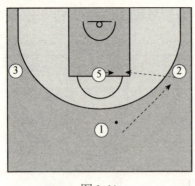

图 3-64　　　　　　　　　　　　图 3-65

（2）3 号在溜底前要观察防守人的注意力，先向端线方向移动，如果 3 号的防守人没有跟上，则可以直接切入到篮下。如果防守人卡堵端线位置，则要利用身体对抗，横切到限制区接球进攻。

3. 高位挡拆进攻战术

◆配合方法

这是一个通过中锋给后卫做挡拆的进攻战术配合。当进攻开始时，2 号向端线方向移动，拉开空间。1 号在弧顶向右侧运球，5 号去给 1 号做掩护（图 3-66），1 号利用 5 号的掩护向左侧运球突破。1 号可以分球给移动到零度角的 3 号，也可以分球给掩护后向限制区移动的 5 号，还可以分球给移动到侧翼的 2 号（图 3-67）。

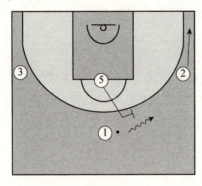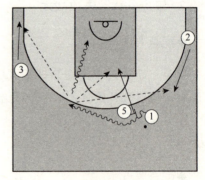

图 3-66　　　　　　　　　　　　图 3-67

◆配合要点

（1）在 5 号掩护前，1 号要先向右侧运球，吸引防守，把左侧拉开，为后面的运球突破创造空间。

（2）当外线接到1号的传球后，如果有机会，则要果断投篮。如果防守补防到位，则要及时突破进攻。

4. 低位强攻战术

◆配合方法

这是一个由中锋在低位强攻的进攻战术配合。当进攻开始时，1号向右侧运球，和2号做交叉掩护，然后再传球给移动到弧顶区域的2号（图3-68）。2号再回传给1号，当1号接球后，5号向强侧低位移动，接1号的传球在低位完成强攻（图3-69）。

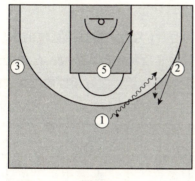
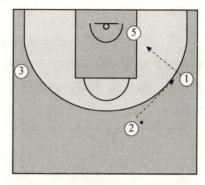

图 3-68　　　　　　　　　　　　　图 3-69

◆配合要点

（1）在2号接球时，5号就要下顺，通过主动身体对抗，在低位获得有利位置。

（2）当5号强攻时，其他三名外线要积极移动，根据防守人的取位情况不断地调整位置，做好接应的准备。一旦获得5号的传球，要果断在外线投篮或者突破上篮。

（三）中锋强侧落位

◆基本落位

这是一个中锋在强侧站位的进攻落位阵型。1号队员持球于右侧，2号在弧顶落位，3号在弱侧外线的零度角落位，5号在强侧低位落位（图3-70）。

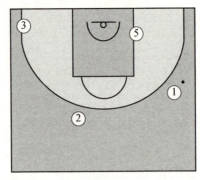

图 3-70

1. 低位强攻战术

◆配合方法

这是一个由中锋在低位完成强攻的战术配合。1 号队员传球给低位的 5 号，然后向弱侧拉开（图 3-71），5 号队员在 1 号拉开后开始运球进攻。在 5 号运球进攻时，弧顶的 2 号、弱侧的 3 号要及时调整位置，做好接应的准备（图 3-72）。

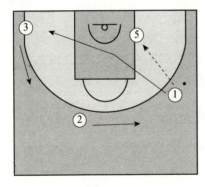

图 3-71

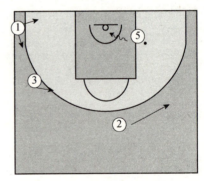

图 3-72

◆配合要点

（1）在 5 号进攻时，弧顶的 2 号要向强侧侧翼移动，做好接应的准备。

（2）弱侧侧翼的 3 号在 5 号运球时，可以突然向内线切入，接 5 号的传球进攻。

（3）5 号在强攻时，要把投篮和传球结合起来，如果包夹紧密，则可以考虑向外线分球。

2. 持球挡拆配合

◆配合方法

这是由中锋给侧翼的后卫做挡拆的进攻战术配合。当进攻开始时，1号在侧翼持球，5号从上线给1号做掩护。1号利用5号的掩护向左侧运球突破，可以传球给掩护后向内线移动的5号，也可以传给移动接应的2号和3号（图3-73）。5号也可以从下线给1号做掩护，1号从右侧运球突破（图3-74）。

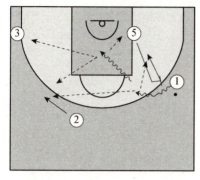
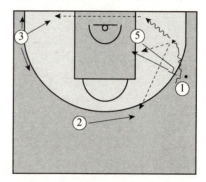

图 3-73　　　　　　　　　　　　图 3-74

◆配合要点

（1）在挡拆前，1号要通过自己的运球吸引防守，如果想让5号在上线掩护，则1号可以向端线方向运球；如果想让5号在下线掩护，则1号可以向弧顶方向运球，从而把防守人带入到掩护区，拉开突破的空间。

（2）当强侧挡拆开始后，弱侧的2号和3号要观察1号运球突破的方向及5号移动的路线，从而选择轮转接应的位置。

3. 无球掩护配合

◆配合方法

这是一个以无球掩护为基础的进攻战术配合。当进攻开始后，1号向弧顶方向运球和2号做交叉掩护，再把球传给2号（图3-75）。2号向右侧侧翼运球，传球给利用5号掩护后移动到强侧的3号，由3号完成进攻。2号也可以传球给掩护后在篮下要位的5号，由他在篮下完成进攻（图3-76）。

◆配合要点

（1）当在弧顶做交叉运球掩护时，如果防守松懈，进攻队员可以向篮下运

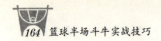

球进攻。

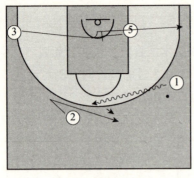

图 3-75

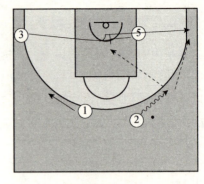

图 3-76

（2）3 号队员要把自己的防守人带入到掩护区，并在 2 号向侧翼运球时才开始移动，不要过早发生掩护。当掩护完成后，如果对方换防，5 号要及时转身卡位，在篮下向 2 号要球进攻。

（3）一旦没有传球机会，2 号要通过从中路的突破展开进攻。

4. 弱侧掩护配合

◆配合方法

这是一个由内线队员利用掩护移动到强侧，在低位进攻的战术配合。当进攻开始时，1 号和 2 号在弧顶做交叉运球，1 号传球给移动到弧顶的 2 号（图3-77），2 号再回传给移动到侧翼的 1 号（图 3-78）。1 号运球后传球给利用 3 号的掩护移动到强侧的 5 号，由 5 号在篮下完成进攻（图 3-79）。

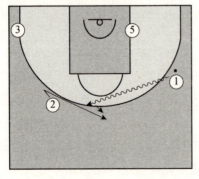

图 3-77

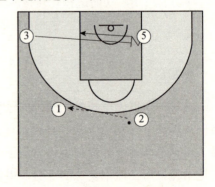

图 3-78

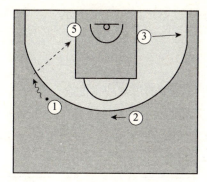

图 3-79

◆配合要点

（1）在弧顶做交叉运球掩护时，如果防守松懈，进攻队员可以运球突破上篮。

（2）3 号和 5 号的掩护时机要准确，要等到 1 号向侧翼运球时开始拆开，不要过早。当 5 号持球后，其他三名队员要向外拉开，带开防守，给 5 号的强攻创造更多的空间，并做好积极的接应准备。

（四）中锋弱侧落位

◆基本落位

这是一个中锋队员在弱侧低位落位的进攻落位阵型。1 号在右侧侧翼持球，2 号在强侧三分线外落位，3 号在弧顶的另一侧落位，5 号在弱侧低位落位（图3-80）。

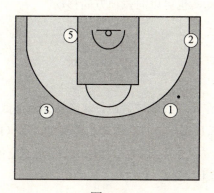

图 3-80

1. 突分进攻配合

◆配合方法

这是一个以突破分球为主的进攻战术配合。当进攻开始后，1 号从右侧运球突破，然后分球给移动到身后的 2 号队员（图 3-81）。2 号队员再次运球从上线突破，可以分球给弱侧侧翼接应的 3 号，也可以分球给插入到篮下的 5 号，由他们完成进攻（图 3-82）。

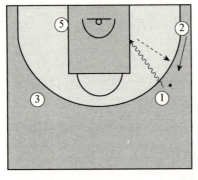
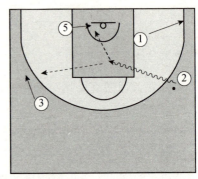

图 3-81   图 3-82

◆配合要点

（1）进攻开始时，队员要拉开距离，为突破创造空间。当 1 号突破时，2 号要先向端线方向移动，再突然向 1 号的身后移动接球。在接球后如果防守失位，则 2 号可以果断投篮；如果防守补防到位，则 2 号可以再次从上线向内线突破。

（2）当 2 号突破时，3 号和 5 号要做好接应的准备。5 号要向篮下移动，3 号可以向弱侧外线移动，也可以向弧顶方向移动。

2. 策应—背溜配合

◆配合方法

这是一个出中锋在罚球线区域策应，前锋从弱侧溜底的进攻战术配合。当进攻开始后，1 号向弧顶运球，然后传球给侧翼的 3 号（图 3-83）。3 号再把球传给上提到罚球线区域的 5 号。当 5 号接球时，弱侧零度角的 2 号溜底到篮下，接 5 号的传球投篮（图 3-84）。

◆配合要点

（1）当 1 号向弧顶运球时，5 号就可以向罚球线区域移动。1 号可以直接传球给 5 号。

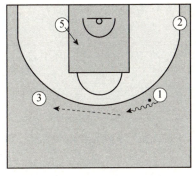

图 3-83

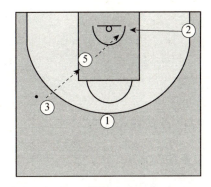

图 3-84

（2）当 5 号接球后，要做出攻击姿势，吸引弱侧的防守，可以中距离投篮也可以突破上篮。

（3）2 号队员要观察防守人协防的情况，及时从端线区域插向限制区接 5 号的传球投篮。

3. 低位强攻配合

◆配合方法

这是一个由强侧的运球交叉掩护和低位强攻组合的进攻战术配合。当进攻开始时，1 号和 2 号在强侧做运球交叉掩护，然后传球给 2 号后（图 3-85）。当 2 号接球后，1 号向限制区弱侧移动，去给弱侧的 5 号做掩护，5 号移动到强侧低位接 2 号的传球进攻（图 3-86）。

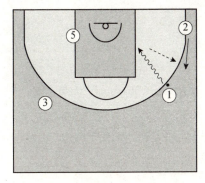

图 3-85

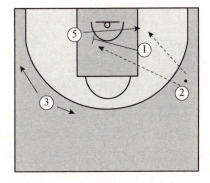

图 3-86

◆配合要点

（1）当 2 号持球后要观察防守情况，如果防守松懈，可以直接从中路运球

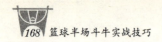

突破上篮。

（2）当无球掩护时，5 号要先把防守人带入到掩护区，如果对方卡住端线方向，则可以横切到篮下要球进攻。

（3）如果没有机会，则 2 号要把球及时转移给弱侧的 3 号，由 3 号从弱侧突破进攻。

4. 无球掩护配合

◆配合方法

这是一个由中锋队员在端线附近给外线做无球掩护进攻的战术配合。当进攻开始时，1 号向弧顶运球，然后传球给弱侧的 3 号（图 3-87）。5 号向限制区移动给 2 号做掩护。2 号利用 5 号的掩护移动到强侧零度角附近，接 3 号的传球投篮。3 号也可以传球给掩护后向篮下移动的 5 号，由他在篮下完成进攻（图 3-88）。

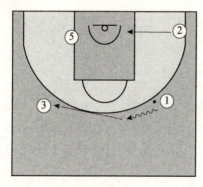
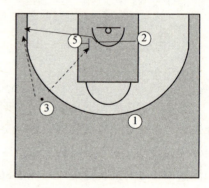

图 3-87　　　　　　　　　　　　　图 3-88

◆配合要点

（1）当 1 号传球给 3 号的时，2 号开始向限制区移动，并把防守带入到掩护区，利用好 5 号的掩护。

（2）3 号要先看内线是否有机会，如果防守方掩护时采取换防，则要及时把球传给篮下的 5 号，由他在篮下强攻。

（3）当 2 号接球后，如果没有投篮机会，要及时把球传给篮下的 5 号或者采取突破上篮。

三、1、2、4、5号位的进攻组合

（一）箱式落位

◆基本落位

这是由两内两外组合的箱式站位进攻落位阵型。1 号队员持球在弧顶一侧，2 号在弧顶的另一侧落位，4 号和 5 号分别在两个低中锋位置外侧落位（图 3-89）。

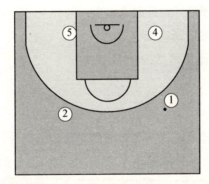

图 3-89

1. 内线无球掩护进攻配合

◆配合方法

这是一个内线之间通过无球掩护完成进攻的战术配合。当进攻开始时，1 号和 2 号在弧顶做交叉掩护运球，1 号传球给移动到弧顶另一侧的 2 号（图 3-90）。2 号向侧翼运球，强侧的 4 号去给弱侧的 5 号做掩护，5 号利用 4 号的掩护摆脱防守移动到强侧低位，接 2 号的传球进攻。2 号也可以传球给掩护后转身的 4 号，由他在篮下完成进攻（图 3-91）。

◆配合要点

（1）在弧顶做交叉运球配合时，2 号要先向左侧移动，然后突然跑向 1 号的侧后方接球。如果对方防守失位，则可以运球突破上篮。

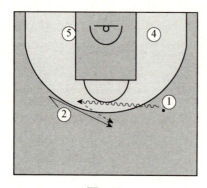

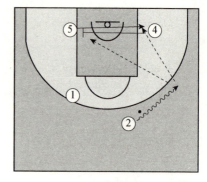

图 3-90 　　　　　　　　　　　　图 3-91

（2）当 2 号向右侧翼运球时，4 号去给 5 号做掩护，5 号要先向上线移动，把防守人带到掩护区。如果防守没有跟上，则 5 号可以直接横切到限制区接球进攻。在强侧低位接球后，如果遭遇包夹，则要及时分球给篮下的 4 号，或者侧翼接应的 2 号，由他们完成进攻。

2. 连续无球掩护配合

◆配合方法

这是一个通过连续的无球掩护完成的进攻战术配合。当进攻开始时，1 号向弧顶运球，2 号去给 5 号做无球掩护，5 号利用 2 号的掩护上提到弧顶侧翼接 1 号的传球（图 3-92）。2 号再去给弱侧的 4 号做无球掩护，4 号移动到强侧低位，接 5 号的传球进攻。5 号也可以传球给掩护后转身的 2 号，由他在篮下完成进攻（图 3-93）。

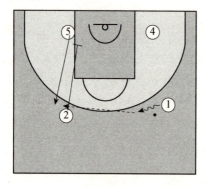

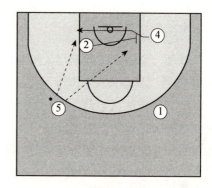

图 3-92 　　　　　　　　　　　　图 3-93

◆配合要点

（1）2号在给5号做掩护时，要留给防守人穿过的空间，让5号的防守人跟出去继续防守5号，减少内线防守的高度。

（2）5号接球时，如果对方防守没有跟上，他可以做中远距离投篮，或向篮下突破进攻。

（3）当2号给4号做无球掩护时，要逼迫对方换防，造成错位进攻。

3. 高位策应配合

◆配合方法

这是由两名内线队员在高低位策应完成的进攻战术配合。当进攻开始时，1号先向右侧运球，再突然向左侧变向运球，然后传球给2号（图3-94）。当2号接球时，4号向罚球线区域移动，准备接2号的传球。当4号接球时，5号向篮下移动，接4号的传球投篮（图3-95）。

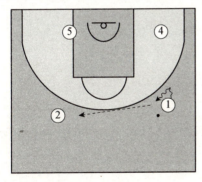

图 3-94

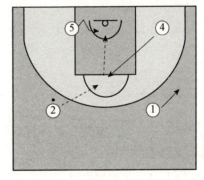

图 3-95

◆配合要点

（1）当进攻开始时，1号要通过自己的运球吸引防守，再突然把球转移给2号。

（2）在2号接球的瞬间，4号上提到罚球区接球。4号接球后要面对篮筐形成攻击姿势，可以做中远距离投篮或突破上篮。

（3）5号在横切的时候，要主动通过身体对抗抢到有利位置。

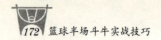

4. 持球挡拆配合

◆配合方法

这是一个由内线给外线做挡拆发动进攻的战术配合。当进攻开始时，1号在弧顶持球，2号向弱侧端线区域移动，4号向外线移动，5号上提到弧顶给1号做掩护（图3-96）。1号利用5号的掩护向左侧运球突破，传球给侧翼的2号，2号再传球给掩护后移动到限制区的5号，由5号在内线完成进攻（图3-97）。

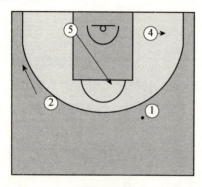
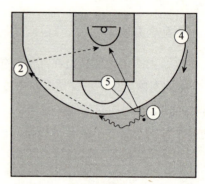

图 3-96 　　　　　　　　　　　图 3-97

◆配合要点

（1）当5号上提给1号做掩护时，4号要向外线移动，带开防守，为内线的进攻创造空间。

（2）当1号运球突破防守后，要及时把球传给侧翼的2号。当2号接到球后，如果5号已经在限制区要到有利位置，则要及时传球给他。如果没有机会，则要从下线运球突破进攻。

（二）中锋强侧落位

◆基本落位

这是由中锋在强侧低位站位的进攻落位阵型。1号持球在弧顶一侧，2号在弧顶另一侧落位，4号在弱侧的外线落位，5号在强侧低位落位（图3-98）。

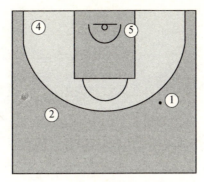

图 3-98

1. 低位强攻战术

◆配合方法

这是由强侧中锋在低位强攻的战术配合。当进攻开始时，1 号传球给低位获得有利位置的 5 号（图 3-99）。当 5 号接球后，1 号向内线切入，随时接 5 号的传球上篮，如果没有机会接球，则向弱侧外线移动。在 1 号离开限制区后，5 号开始运球强攻（图 3-100）。当 5 号运球进攻时，外线的 2 号要向弧顶强侧方向移动，4 号向弱侧侧翼移动，做好接应的准备。

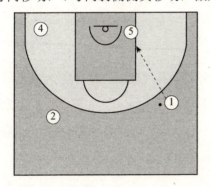

图 3-99

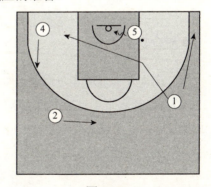

图 3-100

◆配合要点

（1）1 号给 5 号传球后，可以向内线切入，也可以向强侧零度角区域移动，做好接应的准备。

（2）当 5 号持球时，2 号要向弧顶强侧侧翼移动，在外线接应 5 号，4 号向弱侧侧翼移动，拉开防守。当 5 号强攻遇到包夹时，可以及时分球给接应的队友。

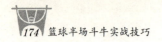
2. 挡拆配合

◆配合方法

这是由内线队员给持球的外线队员做掩护发动的进攻战术配合。进攻开始时，5 号上提到侧翼，从左侧给 1 号做掩护，1 号向左侧运球突破。可以传给掩护后转身下顺的 5 号，也可以传给移动到弱侧侧翼的 2 号，或传给插入到篮下的 4 号（图 3-101）。5 号也可以从右侧做掩护，1 号向端线方向运球突破发动进攻（图 3-102）。

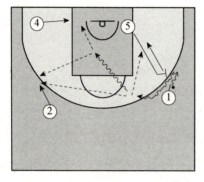

图 3-101

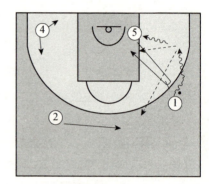

图 3-102

◆配合要点

（1）当 5 号上提给 1 号做掩护时，4 号要向外线移动，拉开防守空间。

（2）2 号要观察 1 号挡拆后运球突破的方向。如果 1 号走左侧，则 2 号要向弱侧侧翼移动；如果 1 号走右侧，则 2 号要向弧顶区域移动，做好接应的准备。

3. 低位无球掩护配合

◆配合方法

这是一个由内线之间通过无球掩护进攻的战术配合。当进攻开始时，1 号在弧顶侧翼运球，5 号去给弱侧的 4 号做掩护，4 号利用 5 号的掩护移动到强侧端线区域，接 1 号的传球进攻（图 3-103）。如果 4 号没有机会投篮，可以传给篮下的 5 号，或运球突破上篮（图 3-104）。1 号也可以选择传给掩护后转身向篮下移动的 5 号，由他在篮下完成进攻。

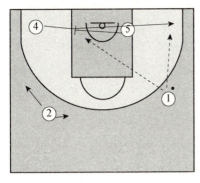

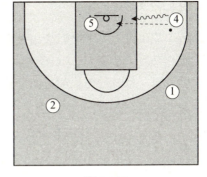

图 3-103 　　　　　　　　　　　　　图 3-104

◆配合要点

（1）在无球掩护时，4 号要先向上线移动，把防守人带入掩护区，提高无球掩护的质量。

（2）当掩护完成时，5 号要观察防守战术的变化，如果对方换防，则要把 4 号的防守人卡在身后，转身接球进攻。

（3）1 号要做到先内再外的传球，先看 5 号是否抢得有利位置，要做到及时传球。

4. 连续无球掩护配合

◆配合方法

这是一个通过连续无球掩护创造出进攻机会的战术配合。当进攻开始时，1 号向弧顶运球，2 号给 4 号做无球掩护，4 号上提到侧翼接 1 号的传球（图 3-105）。2 号再给弱侧的 5 号掩护，5 号移动到强侧低位，接 4 号的传球进攻（图 3-106）。

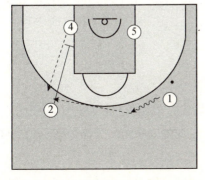

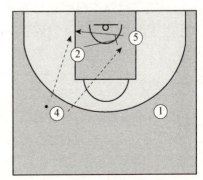

图 3-105 　　　　　　　　　　　　　图 3-106

◆配合要点

（1）2号和4号做掩护时，可以让防守人穿过，减少他们的换防，让4号把自己的防守人带走。

（2）当4号持球时，如果防守错位，则可以运用中远距离投篮或突破上篮进攻。

（三）内线高低位落位

◆基本落位

这是两个内线高低位站位的进攻落位阵型。1号持球在弧顶的一侧落位，2号在弧顶的另一侧落位，4号在罚球线落位，5号在低位落位（图3-107）。

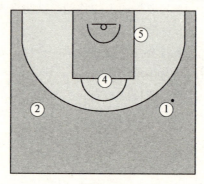

图 3-107

1. 高位策应配合

◆配合方法

这是一个内线之间的进攻配合。当进攻开始时，1号传球给罚球线的4号，4号接球后，传球给横切到篮下的5号，由5号在篮下完成进攻（图3-108）。

◆配合要点

（1）当4号接球后，要能够转身面对篮筐，做出攻击性动作以吸引防守。

（2）5号队员要先向端线区域移动，在4号接球的瞬间突然横切到限制区，在篮下要位接球进攻。

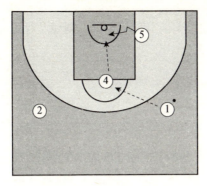

图 3-108

2. 高位挡拆配合

◆配合方法

这是由罚球线落位的内线给弧顶持球队员做掩护的进攻战术配合。当进攻开始时，1 号在弧顶一侧持球，突然传球给 2 号（图 3-109）。当 2 号接球后，4 号从左侧做掩护。2 号从左侧运球突破，可以传球给掩护后转身的 4 号，也可以传球给移动到篮下的 5 号（图 3-110）。

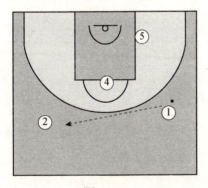

图 3-109

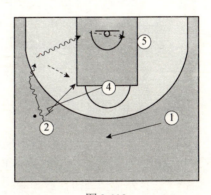

图 3-110

◆配合要点

（1）4 号掩护完成后，可以根据自己的攻击能力和防守变化选择移动路线。如果具备中远距离投篮的能力，则 4 号可以向弧顶方向移动，接 2 号的传球投篮。

（2）在突破防守后，2 号要观察内线防守方的补防情况，及时分球给移动到篮下区域的 5 号。如果不能分球给内线，则要及时传球给移动到弧顶侧翼接应的 1 号。

3. 无球掩护配合

◆配合方法

这是一个内线之间无球掩护的进攻战术配合。当进攻开始后，1 号传球给 2 号，4 号给 5 号做掩护，5 号移动到罚球线区域（图 3-111）。当 5 号移动到罚球线附近后，2 号传球给 5 号，或者传球给掩护后向篮下移动的 4 号。当 5 号接球后，他可以选择进攻，也可以传球给篮下的 4 号，由 4 号在篮下完成进攻（图 3-112）。

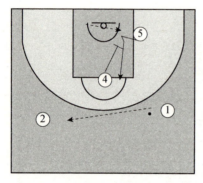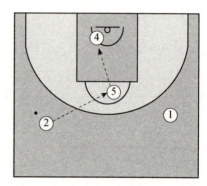

图 3-111   图 3-112

◆配合要点

（1）5 号在掩护前要向端线方向移动，把防守人带入到掩护区。在罚球线区域接球时，要做好接球立即攻击的准备，或者投篮，或者突破上篮。

（2）4 号在掩护完成后要观察防守，如果对方换防，则要及时转身卡位，把 5 号的防守人顶在端线方向，并向篮下移动接球进攻。

（3）2 号要观察掩护后同伴的移动情况和防守的变化，遵循先内后外的传球原则，及时把球传给空位的队友。

4. 低位策应配合

◆配合方法

这是由内线队员在低位做策应完成进攻的战术配合。当进攻开始后，1号向侧翼运球，然后传球给低位的5号。同时，4号向左侧移动，给弧顶的2号做掩护（图3-113）。当5号持球后，2号利用4号的掩护切入到篮下，接5号的传球进攻（图3-114）。

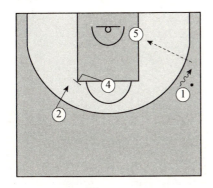
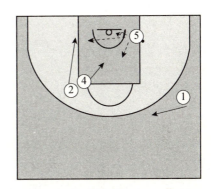

图 3-113　　　　　　　　　图 3-114

◆配合要点

（1）5号在接到球后，要做出攻击的假动作吸引防守。

（2）2号要把防守人带入到掩护区。4号在掩护完成后要向篮下转身移动，接5号的传球进攻。

（四）牛角落位

◆基本落位

这是两名内线队员在罚球线两角站位的进攻落位阵型。1号持球于弧顶落位，2号在一侧的底角落位，4号和5号分别在罚球线两端落位（图3-115）。

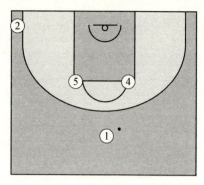

图 3-115

1. 高位双掩护进攻配合

◆配合方法

　　这是由两名内线同时做掩护的进攻战术配合。当进攻开始时，1 号在弧顶持球，4 号和 5 号同时去给 1 号做掩护（图 3-116）。1 号从右侧运球突破，可以自己运用中远距离投篮、或突破上篮完成进攻，也可以传球给掩护后向篮下移动的 4 号，由他完成进攻（图 3-117）。1 号在掩护后，可以传球给三分线零度角区域的 2 号，2 号可以远投，可以突破上篮；也可以传球给移动到篮下的内线队员。

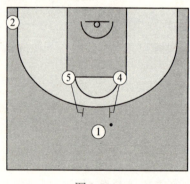

图 3-116

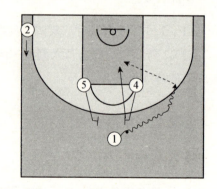

图 3-117

◆配合要点

　　（1）在两名内线队员同时做掩护时，1 号可以根据防守情况向任何一个方向运球突破。如果向左侧运球突破，则 2 号可以留在底角，也可以向弱侧移动，带走防守。

（2）在掩护完成后，4 号和 5 号其中一个人要向限制区移动，另一个人留在弧顶区域，准备接应 1 号的传球。

2. 无球掩护—低位强攻配合

◆配合方法

这是通过内线队员给外线队员做无球掩护展开的进攻战术配合。当进攻开始时，1 号在弧顶运球，5 号去给 2 号做掩护，2 号利用 5 号的掩护摆脱防守，向侧翼移动（图 3-118）。当 2 号移动到侧翼后，1 号传球给 2 号。2 号接到球后，可以直接投篮，或传给篮下的 5 号，由他在篮下完成进攻（图 3-119）。

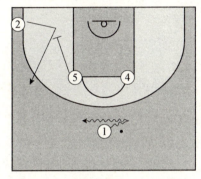
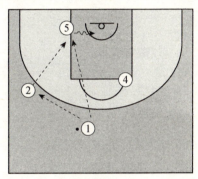

图 3-118　　　　　　　　　　　　图 3-119

◆配合要点

（1）当 1 号在弧顶运球时，2 号要先向限制区移动，把防守人带入到掩护区，利用 5 号的掩护，然后突然启动摆脱防守。

（2）当掩护完成后，5 号要及时转身，准备接 1 号的传球在篮下完成进攻。

3. 无球掩护—策应配合

◆配合方法

这是一个无球掩护和策应组合的进攻战术配合。当进攻开始时，1 号传球给 4 号，5 号去给弱侧的 2 号做掩护（图 3-120）。2 号移动到强侧接 4 号的传球进攻。4 号也可以把球传给掩护后转身向篮下移动的 5 号，由他在篮下完成进攻（图 3-121）。

◆配合要点

（1）当 4 号接球后，要转身面对篮筐，如果防守松懈，可以中距离投篮或

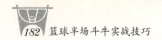

突破上篮。

（2）掩护完成后，5号要把防守队员顶在外侧，及时向篮下移动接球进攻。

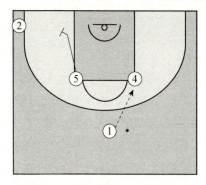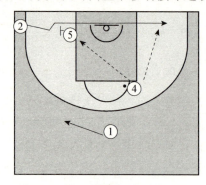

图 3-120　　　　　　　　　　　　　图 3-121

4. 双掩护配合

◆配合方法

这是由两名内线队员在罚球区给外线做双掩护进攻的战术配合。当进攻开始时，1号队员向右侧侧翼运球，2号从限制区下面向弧顶移动，4号和5号在罚球线区域给2号做双掩护（图3-122）。2号利用双掩护移动到弧顶区域，接1号的传球进攻（图3-123）。

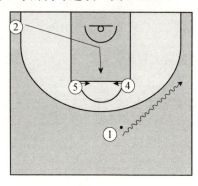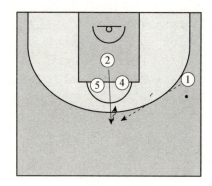

图 3-122　　　　　　　　　　　　　图 3-123

◆配合要点

（1）在进攻开始时，1号要先向一侧运球，同时做好传球的准备。如果防守松懈，则可以直接运球突破上篮。

（2）在掩护时，当2号穿过瞬间，4号和5号要做好关门，把2号的防守人挡在限制区里面。如果对方换防，则4号要向篮下切入，接1号的传球进攻。

四、1、3、4、5号位的进攻组合

（一）箱式落位

◆基本落位

这是两名内线队员和两名外线队员组合的箱式站位进攻落位阵型。1号持球在弧顶的右侧，3号在弧顶左侧，4号在弱侧低位，5号在强侧低位（图 3-124）。

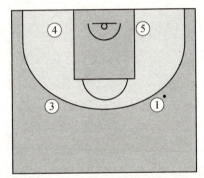

图 3-124

1. 挡拆进攻配合

◆配合方法

这是一个由挡拆展开的进攻战术配合。当进攻开始时，1号和3号在弧顶做交叉运球掩护，1号传球给3号，3号再回传给1号（图 3-125）。然后，3号去给弱侧低位的5号做掩护（图 3-126）。4号上提和1号在左侧做挡拆，1号向左侧运球突破，可以自己进攻，也可以传给掩护后向篮下移动的4号，并由4号完成进攻（图 3-127）。

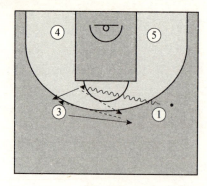

图 3-125   图 3-126

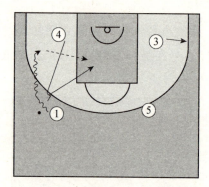

图 3-127

◆配合要点

（1）在弧顶做交叉运球是为了打乱对方的防守，迫使防守队员换防。

（2）3 号给 5 号掩护后要向弱侧外线移动，5 号上提到弧顶，拉开空间。

2. 无球掩护配合

◆配合方法

这是一个通过连续无球掩护完成的进攻战术配合。当进攻开始后，1 号和 3 号在弧顶做交叉运球掩护后，传球给 3 号（图 3-128）。然后 1 号去给 4 号做掩护，4 号上提到弧顶接 3 号的传球（图 3-129）。当 4 号接球后，1 号再去给弱侧的 5 号做掩护，5 号移动到强侧低位，接 4 号的传球进攻（图 3-130）。

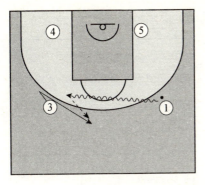

图 3-128

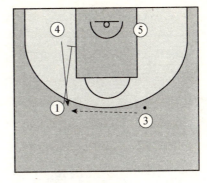

图 3-129

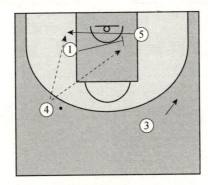

图 3-130

◆配合要点

（1）3 号接球后，要向右侧运球吸引防守。在 1 号和 4 号掩护时，如果 1 号出现进攻机会，要及时把球传给他，由他在篮下完成进攻。

（2）4 号在弧顶接球后，要做好传球准备，等待 1 号给 5 号的掩护。如果防守松懈，则可以从右侧运球突破上篮。

3. 双掩护配合

◆配合方法

这是一个无球掩护后由外线完成进攻的战术配合。当进攻开始后，1 号传球给 3 号，然后去给 5 号做掩护，5 号上提接 3 号的传球（图 3-131）。当 5 号接球后，3 号和 4 号两人给 1 号做双掩护，1 号利用他们的掩护移动到弧顶左侧，接 5 号的传球投篮（图 3-132）。

◆配合要点

（1）当 5 号接球时，要向外线移动拉开防守空间，吸引防守的注意。接球后，不要轻易运球。如果防守逼的紧，则可以用突破压迫对方的防守。

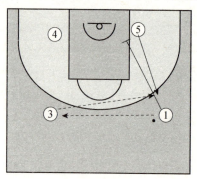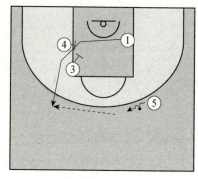

图 3-131   图 3-132

（2）3 号和 4 号的双掩护要及时，当 1 号穿过后要关门，把 1 号的防守人挡在限制区。在掩护完成后，3 号要迅速向篮下右侧移动，做好接应的准备。

（二）高低位落位

◆基本落位

这是两名内线队员高低位站位的进攻落位阵型。1 号持球在弧顶一侧，3 号在弱侧的底角落位，4 号在罚球线落位，5 号在强侧低位落位（图 3-133）。

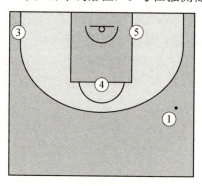

图 3-133

1. 高位挡拆配合

◆配合方法

这是通过高位挡拆进攻的战术配合。当进攻开始后，4 号从左侧给 1 号做掩护，1 号向左侧运球（图 3-134）。当 1 号向左侧运球时，3 号要根据防守人的协防位置而移动，可以向 1 号的后方移动，也可以向篮下移动。1 号在运球通过掩护后，可以传球给接应的 3 号，也可以传给掩护后向外线移动的 4 号（图 3-135）。

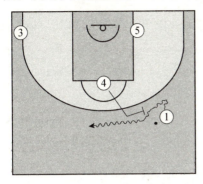

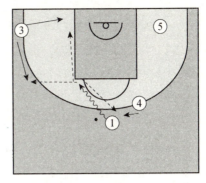

图 3-134　　　　　　　　　图 3-135

◆配合要点

（1）3 号要根据防守人协防的情况，选择从底线切入到篮下，或者从外线包抄到侧翼接 1 号的传球进攻。

（2）由于 5 号在弱侧低位落位，4 号在掩护完成后要向外线移动，做好接球后中远距离投篮的准备。

2. 端线无球掩护配合

◆配合方法

这是一个无球队员在端线做无球掩护完成进攻的战术配合。当进攻开始后，1 号向弧顶运球，4 号向右侧侧翼移动，1 号传球给 4 号（图 3-136）。当 4 号接球后，5 号到限制区给 3 号做无球掩护。3 号利用 5 号的掩护移动到强侧端线区域，接 4 号的传球进攻。4 号也可以把球传给掩护后转身的 5 号，由他在篮下完成进攻（图 3-137）。

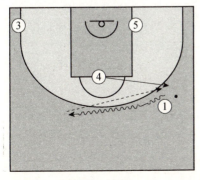
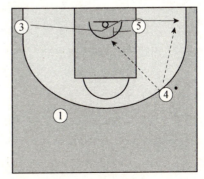

图 3-136　　　　　　　　　图 3-137

◆配合要点

（1）1号通过运球带开防守，4号接球时要做出攻击姿势，以吸引对方的防守。

（2）3号要把防守人带入到掩护区，在向强侧移动的过程中，随时准备接球进攻。如果对方防守队员没有失位，则可以突破上篮。

（3）一旦对方换防，5号要把3号的防守人卡在身后，在篮下接球进攻。

3. 内线双掩护配合

◆配合方法

这是由两名内线队员的双掩护完成的进攻战术配合。当进攻开始后，1号在弧顶一侧持球，4号去给3号做无球掩护，1号传球给移动到弧顶的3号（图3-138）。然后，1号利用4号和5号的双掩护移动到强侧底角区域接3号的传球投篮（图3-139）。

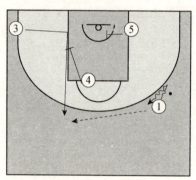

图 3-138

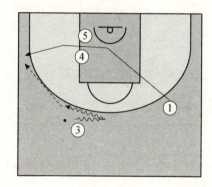

图 3-139

◆配合要点

（1）当1号持球时，3号要先向内线移动，把防守人带入到掩护区。4号掩护完成后要做转身动作，随时准备接球进攻。

（2）1号传球后，4号和5号要及时做好掩护，在1号通过后迅速关门，把他的防守人挡在限制区内。

（3）当1号接球时，如果对方换防，则4号要及时向限制区横切要位接3号的传球进攻。

后记
Postscript

　　书稿写作的过程是一个充满挑战的过程，是一个不断学习的过程，也是对篮球的认知不断自我更新的过程，更是不断自我否定到自我肯定、再到自我否定的过程。历时近一年时间的查阅相关资料、书写、改稿等工作，让我对篮球技、战术有了更多理性的认知和理解。篮球技、战术也许不像我们想象的那么简单，但是也不是复杂的高不可攀。

　　在稿件的书写过程中，我把部分战术实际运用到我校队训练之中。在使用的过程中，我及时发现了一些问题，并及时地进行了修改。通过一段时间的实地战术训练，我感觉我的队员在局部战术素养上得到了很大的提高。尽管他们之间的个人能力、训练水平还有很大的差距，但是在一些大的原则、具体的要求上都有明显的进步。看着队员在场上既能够执行既定战术，又能够随着防守的变化随机的应变时，心情是一种难得的愉悦。

　　今天的我对篮球技、战术的理解为：它们是一个集科学性、系统性、规律性于一体的工程。把它们解读为一种工程，正是因为：如果要想建设好这个工程，则需要具备一种工匠精神，科学地、严谨地、系统地去建设它们。稍微的理念偏差或落后都将会让训练和教学置于困境。我把篮球战术素养看成是一种物质性的东西，它是可以通过系统的、科学的、规律性的训练获得的。

　　相对于个人技术的学习，局部和全局的战术素养则需要更加

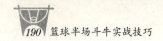

系统的、严谨的、规律性的训练。而从二对二到三对三，再到四对四，直至全场的五对五，这是一个如同从金字塔塔基向塔尖攀爬的过程。层层相叠、环环相扣，每一环的缺失都将让整个战术素养建设变成残缺品。

篮球技、战术素养的培养是一个系统的工程，基础的建设尤其重要，只有拥有扎实的基础，才能在篮球的道路上走得更远。希望本书能够为广大篮球爱好者战术的训练和比赛提供一定的帮助。